第1章

ChatGPTを使う
メリットとデメリット

ChatGPTで仕事はもっと楽になる

ChatGPTは文章を生成するのが得意

2022年11月に米国の非営利法人OpenAIが公開した対話型AIサービス「ChatGPT」は、瞬く間に全世界で注目を集め、今やインターネットの登場以来最大の衝撃を社会に与えるとまでいわれています。ChatGPTによって私たちの生活にはどんな影響が出るのでしょうか。

ChatGPTの最大の特徴は、インターネット上に存在する膨大な情報を収集、学習して「実在する人間のように文章を生成すること

ができる」という点にあります。

これによって将来的にホワイトワーカーの仕事の多くがChatGPTに取って代わられる可能性がありますが、ChatGPTがすべての人間の仕事を奪うとは限りません。

むしろChatGPTにできる仕事は積極的にChatGPTに任せることによって、人間はより創造的な仕事を新たに作り出すことができるかもしれないからです。

ChatGPTのトップページ。左側にはOpenAIによるChatGPTの紹介とChatGPTでできることが表示される。

━ ChatGPTのここがすごい！ ━

- ⚛ 実在する人間と同じように文章を作れる！
- ⚛ アイデア出しを手伝ってくれる！
- ⚛ 一般的な質問に回答してくれる！
- ⚛ ディベートの相手になってくれる！
- ⚛ 文章を他言語に翻訳してくれる！
- ⚛ 文章をまとめてくれる！
- ⚛ 簡単な表が作れる！
- ⚛ プログラムコードが書ける！

ChatGPTが得意なこと

得意なことは文章の生成！

ChatGPTが得意なことは、大きく分けて「文章の生成」、「日常会話」、「一般的な質問への回答」、「アイデア出し」、「翻訳」などがあります。そのため、ChatGPTにメールを書いてもらう、雑談をしてもらう、ディベートの相手になってもらう、アイデア出しを手伝ってもらう、簡単なプログラムコードを書いてもらうといった使い道が有効です。その他には、ジョークを言ってもらう、詩を書いてもらうといったことも可能です。

ChatGPTでできること

⚛ 文章の生成

➡ ChatGPTは生成AIと呼ばれ、文章を生成するのが得意です。まるで実在する人間のような言語能力で人間そっくりの文章を作ってくれます。そのためメールの代筆などを行うことが可能です。

⚛ 日常会話

➡ 日常で生身の人間を相手にするような日常会話は、ChatGPTにも行うことができます。試しに何か話しかけてみましょう。人間と同じような返事をしてくれます。

⚛ アイデア出し

➡ ChatGPTに「○○についてのアイデアを出して」などと頼むと、すぐにアイデアを出してくれます。アイデアの叩き台としてChatGPTを使ってみるのもいいでしょう。質問の仕方がうまければ、ChatGPTが返してくれるアイデアの精度も高くなります。

⚛ 翻訳

➡ ChatGPTは翻訳もできます。「以下の文章を英語に訳して」などと命令してから日本語の文章を入力してみましょう。精度の高い翻訳をしてくれます。また、文体についての注文にも応えてくれます。

ChatGPTが苦手なこと

過去の情報からしか学習していない

人間が書いたような文章を生成できるChatGPTにも苦手なことはあります。

ChatGPTは、主に過去のインターネット上の情報を元に学習しているため「最新の情報」には疎いです。そのため、最新のことを聞こうとしても間違った情報を答える可能性があります。そして、専門書や学術書で学習しているわけではないので「専門的な知識」も持っていません。また、簡単な計算はできても「複雑な計算」はできません。

ChatGPTが苦手なこと

最新の情報に疎い
➡ 過去のある時点までのインターネット上にあった情報を元に学習しているので、最新の情報を聞いても正確な答えを返してくれません。現在のChatGPTのバージョンが何年までの情報を元にしているかを調べておきましょう。

専門的な情報に疎い
➡ ChatGPTは法律、医学などの専門性の高い知識については、持ち合わせていません。一般的な答えだけが返ってくることが多く、必ずしも正確な答えが返ってくるわけではないので鵜呑みにしないようにしましょう。

複雑な計算ができない
➡ 単純な四則演算ならChatGPTにも答えることはできますが、3桁以上の計算になるとChatGPTの手に余るようになります。ChatGPTは文章生成AIですので、数学の面ではあまり助けにならないと思ったほうがいいでしょう。

固有名詞やローカル情報に疎い
➡ ChatGPTは一般名詞（例えばリンゴ、薬など）には強いのですが、固有名詞には弱いという特徴があります。例えば、実在する有名人の名前を挙げて、その経歴を教えてと頼むとめちゃくちゃな答えが返ってきたりします。

04 ChatGPTを使う際に注意すること

ChatGPTの情報が正しいとは限らない

前項でも述べたように、ChatGPTは過去のある時点までに存在したインターネット上の情報を元に学習しています。そのため、最新の情報について質問しても正しい答えが返ってくるとは限りません。また、私たちユーザーはChatGPTがどの情報を元に学習して文章を生成しているか知りようがないため、ChatGPTが生成した文章をそのまま使うと意図せず他人の著作権を侵害してしまう可能性もあります。

ChatGPTで注意すべきこと

 **最新の情報が不正確である**

➡ ChatGPTは、過去のある時点までのインターネット上の情報しか持っていません。質問をすればとりあえず「人間らしい」答えを返してはくるものの、それが不正確な誤情報であることがあるため注意しましょう。

専門的な情報が誤っている

➡ 法律や医学についての質問をすると、ChatGPTは「専門家の指示を仰いでください」と但し書きをつけてはきますが、それでも不正確な情報を答えてきます。それを鵜呑みにしてはいけません。

他人の著作権を侵害する可能性

➡ ChatGPTは、過去の膨大な情報から学習をし、それらを元に文章を生成しています。しかし、その生成された文章がどの情報を元に生成されたかについてはブラックボックスです。そのためChatGPTが作った文章をそのまま使うと著作権侵害になる可能性があります。

情報漏洩・プライバシー侵害のリスクがある

➡ ChatGPTは、ユーザーが入力した内容をも自らの学習に利用している可能性があります。ユーザーが提供した情報がどのように扱われるかは不透明なので、情報漏洩を防ぐためにはこちらの情報を学習に利用しない設定にしておく必要があります。

GPTってどんな仕組み？

ChatGPTは、「GPT-3.5」、「GPT-4」といった頭脳を持っています。この頭脳は大規模言語モデル（LLM）と呼ばれており、インターネット上に存在するブログ記事、Webサイト、一部の書籍などの膨大なテキストデータを事前学習しています。それらを学習することによって、GPTは私たち人間がふだんの会話や文章に用いる言語の要素を模倣するように学ぶのです。

しかし、GPTは人間が使っている言語のルールを学ぶことはできますが、人間と同じように理解しているわけではなく、人間のような「意識」や「自我」を持つわけでもありません。あくまでも、人間が言葉をどのように使っているかというルールを学習しているわけです。事前学習という段階が終わると、GPTに

は人工的に作られた会話データを用いて微調整されます。この微調整を「ファインチューニング」と呼びます。

微調整が終わるとChatGPTはようやく人間のような返答ができる状態になり、私たちが質問したり命令したりすることで、まるで人間のような返事をするようになるのです。

このように、ChatGPTは自らの意思を持って人間のように考えて答えているわけではありません。ChatGPTは、一定のルールに従って「人間が話しそうな内容」をこれまでに話された内容に基づいて推測しているだけなのです。そのため、学習していない内容や、推測ではカバーしきれないような内容においては正確性を欠いてしまう場合があるのです。

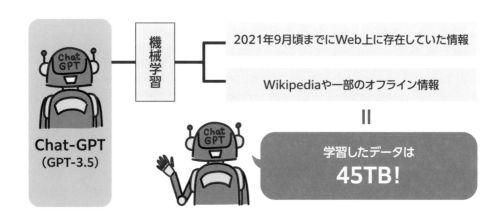

機械学習

2021年9月頃までにWeb上に存在していた情報

Wikipediaや一部のオフライン情報

Chat-GPT
（GPT-3.5）

＝

学習したデータは
45TB！

第2章

ChatGPTの
始め方と基本操作

普通に質問する
だけで答えが
返ってくる！

登録は簡単！

スマートフォンの
公式アプリがある

どこでも
ChatGPT
が使える

01 ChatGPTを始める方法

まずはOpenAIのアカウントを作りましょう！

ChatGPTを始めるには、まずChatGPTの開発元であるOpenAIのアカウントを作ることから始めましょう。アカウントの作成には、メールアドレスの他に、認証コードを受け取るためのショートメッセージ（SMS）が受信可能な電話番号が必要になります。ここではパソコンのブラウザ（Google Chrome）での手順を解説します。以下の手順に従っていけば、誰でも簡単にアカウントが開設でき、ChatGPTを使えるようになります。

1

ChatGPTのページを開く

Googleで「ChatGPT」と検索して、ChatGPTのページに行く。

2

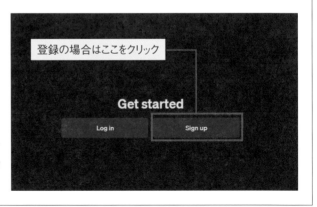

「Sign up」ボタンを押す

画面に「Get started」と書いてあり、その下に「Log in」と「Sign up」の2つのボタンがあるので、Sign upボタンを押す。

3

メールアドレスを入力する

「Create your account」という画面に移るので、「Email address」という欄にメールアドレスを入力し、「Continue」を押す。

4

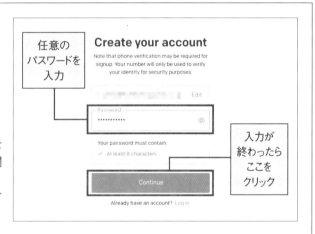

パスワードを設定する

「Continue」を押すと同じ画面でパスワードを設定するよう求められるので「Password」欄にパスワードを入力して、再度「Continue」を押す。パスワードは忘れないように保管しておく。

5

メールを確認する

OpenAIから設定したメールアドレスに認証用のメールが送信されるので、メールボックスを確認。Gmailを使っている場合は、「Open Gmail」というボタンを押すとそこからGmailの受信ボックスにジャンプすることができる。

6

メールアドレスの認証を行う

届いたメールを開いたら「Verify email
address」というボタンを押す。設定したメー
ルアドレスが間違いなく自分のものであるか
どうかの確認が行われる。

7

名前と生年月日を入力する

「Tell us about you」という画面に移る。
上の欄に名前を下の欄に生年月日を入力
して「Continue」を押す。

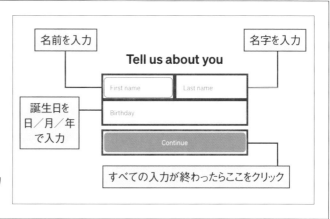

8

電話番号を登録する

「Verify your phone number」という画面が表示さ
れたら、空欄に電話番号を入力して「Send code」
ボタンを押す。

9

SMSに届いたコードを入力

コードを入力する

スマホのSMSに届いた6桁のコードを「Enter code」という画面の空欄に入力。

10

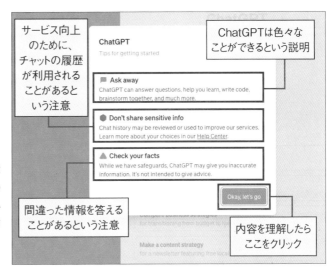

サービス向上のために、チャットの履歴が利用されることがあるという注意

ChatGPTは色々なことができるという説明

間違った情報を答えることがあるという注意

内容を理解したらここをクリック

英語の案内をチェックし、アカウント開設

英語のChatGPTの案内画面が表示されるので、目を通してから（英語がわからないなら機械翻訳などを使って読んでから）、「Okay, let's go」というボタンを押す。これでアカウントが作成でき、ChatGPTのチャット画面に移る。

1つの電話番号に2アカウント

ここに別の電話番号を入力するかすでに作成しているアカウントを入力

指定した電話番号で登録できるアカウントの上限を超えているというメッセージ

同一の電話番号ではアカウントの作成は2つまでしかできない。その電話番号を使ってOpenAIですでにアカウントを2つ作成していた場合、旧アカウントでログインするか別の電話番号を使用する。

スマホでChatGPTを始める方法

アプリからアカウントを作成しましょう

パソコンではなくスマホでOpenAIのアカウントを作成するには、ChatGPTの公式スマホアプリを使うのがおすすめです。App Storeで「ChatGPT」と検索して公式アプリをスマートフォンにインストールしましょう。ちなみに、ChatGPTでは既存のGoogleアカウントやAppleアカウントを使ってアカウントを作成することも可能です。

---

1 アプリからアカウントを作成しましょう

ここをタップ

アプリを開いたら「Sign up with email」というボタンを押してサインアップを開始。すでに持っているGoogleアカウントなどでサインアップしたいなら、「Continue with Google」などのボタンを押す。

2 メールアドレスを入力

任意のメールアドレスを入力

「Create your account」の画面にある「Email address」という欄に設定したいメールアドレスを入力し、「Continue」を押す。

3 パスワードの設定

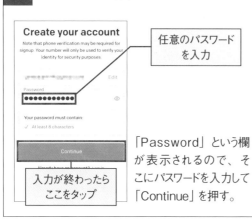

任意のパスワードを入力

入力が終わったらここをタップ

「Password」という欄が表示されるので、そこにパスワードを入力して「Continue」を押す。

4 認証用メールの送信を確認

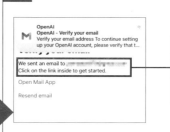

OpenAIから認証用メールが送られたという文面

OpenAIから認証用メールが送信された旨が表示される。

5 受信ボックスで認証用メールを開く

「OpenAI-Verify your email address」という件名のメールを開いたら、「Verify email address」というボタンを押す。

ここをタップ

6 メール認証の完了を確認

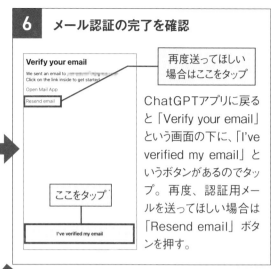

再度送ってほしい場合はここをタップ

ここをタップ

ChatGPTアプリに戻ると「Verify your email」という画面の下に、「I've verified my email」というボタンがあるのでタップ。再度、認証用メールを送ってほしい場合は「Resend email」ボタンを押す。

7 名前と生年月日の入力

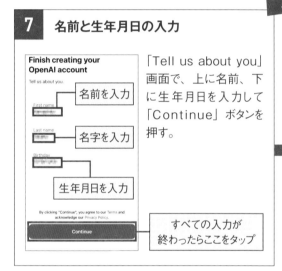

名前を入力
名字を入力
生年月日を入力

すべての入力が終わったらここをタップ

「Tell us about you」画面で、上に名前、下に生年月日を入力して「Continue」ボタンを押す。

8 案内を確認

内容を確認したらここをタップ

ChatGPTに関する案内が英語で表示される。内容を理解したら「Continue」を押す。これで、ChatGPTを使えるようになる。

使い方はブラウザ版と同じ

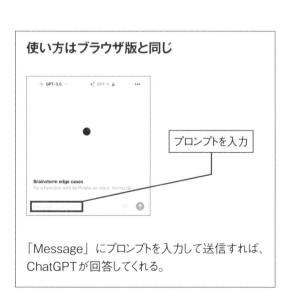

プロンプトを入力

「Message」にプロンプトを入力して送信すれば、ChatGPTが回答してくれる。

新しいチャットや設定は別ウィンドウ

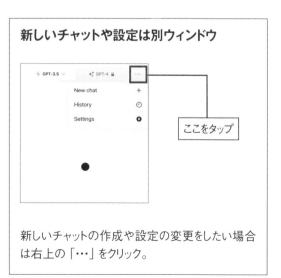

ここをタップ

新しいチャットの作成や設定の変更をしたい場合は右上の「・・・」をクリック。

03 ChatGPTの基本的な使い方

ChatGPTに質問してみましょう!

ChatGPTは、名前にチャットとある通り「チャット形式」で会話をすることができます。こちらが聞きたいこと、言いたいことを入力すれば、ChatGPTがそれに対する返事をしてくれるのです。そして、その後は人間との会話のように会話のキャッチボールをすることが可能です。ここでは、パソコンのブラウザ上でのChatGPTの基本的な使い方について順を追って説明していきますので、まずは使い方に慣れてみましょう。

1

質問をしてみる

ChatGPTにログインしたら、画面右側の下にチャットボックスがあるので、そこに質問を入力。入力したら飛行機アイコンをクリックするか、キーボードの「Enter」キーを押すと質問がChatGPTに投げかけられる。

ここに質問を入力する

飛行機アイコンをクリックするか、Enterキーを押すと質問が送信される

2

回答が返ってくる

質問をするとChatGPTが返事をしてくれ、自分の送った質問の下に表示されていく。

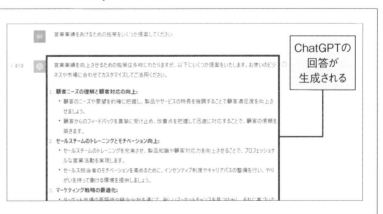

ChatGPTの回答が生成される

3

次の質問をする

同じチャット画面で、さらにチャットボックスに質問を入力すると、再度質問をすることができる。前回のやり取りを踏まえて、ChatGPTにさらに詳しい内容を求めたりすることが可能。

次の質問を入力する

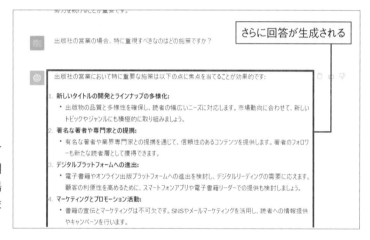

4

次の回答が返ってくる

ChatGPTはその質問を受けて再度返事をしてくれる。前の質問に関連する内容の質問だった場合は、それまでの「文脈」を踏まえた上での回答が返ってくる。

さらに回答が生成される

5

回答の生成を止める場合

ChatGPTが回答の生成をしている途中で、回答内容がこちらの期待する内容と食い違っているなどで生成をストップしたい場合は「Stop generating」という箇所をクリックすれば回答を途中で止めることができる。その上で、再度質問を練り直して入力する。

ここをクリックすると回答の生成が止まる

6

プロンプトの編集をする

自分の質問（プロンプト）の右側
にある編集アイコンをクリック。

このアイコンをクリック

出版社の営業の場合、特に重視すべきなのはどの施策ですか？

出版社の営業において特に重要な施策は以下の点に焦点を当てることが効果的です：

1. 新しいタイトルの開発とラインナップの多様化：

7

プロンプトの内容を変更・修正・加筆

これらの施策はお互いに連携して効果を発揮します。状況に応じて柔軟に調整しながら、持続的な改善と
努力を続けることが重要です。

出版社の営業の場合、特に重視すべきなのはどの施策ですか？

Save & Submit　　Cancel

出版社の営業において特に重要な施策は以下の点に焦点を当てることが効果的です：

1. 新しいタイトルの開発とラインナップの多様化：

・出版物の品質と多様性を確保し、読者の幅広いニーズに対応します。市場動向に合わせて、新しい

終わったらここをクリック

編集が終わったら送信する

プロンプトの変更・修正・加筆
などを行って、満足のいく形に
なったら「Save&Submit」を
クリックして、編集後の内容を
ChatGPTに投げかける。

8

努力を続けることが重要です。

出版社の営業の場合、特に重視すべきなのは上記のどの施策です

修正した質問への回答が
改めて生成される

出版社の営業において特に重要な施策は以下のものです：

1. 顧客ニーズの理解と顧客対応の向上：
・出版物は内容が重要です。営業担当者は顧客のニーズを正確に理解し、それに合致する出版物を
提供することが重要です。また、編集やデザインのアドバイスも含まれます。

2. セールスチームのトレーニングとモチベーション向上：
・出版物の分野に特化したトレーニングを提供し、セールス担当者が出版物の特長や価値を伝える能
力を向上させることが必要です。また、出版業界の変化に迅速に対応できるようにトレーニングを行い
ます。

3. マーケティング戦略の最適化：
・出版物のマーケティング戦略は特に重要です。ターゲット読者層の明確化、新しい出版物のプロモー

ChatGPT が編集後の
プロンプトに回答する

ChatGPTが編集したプロンプト
に対する返事を送ってくる。編集
前と編集後ではChatGPTの返
答内容が変わっているはず。

9

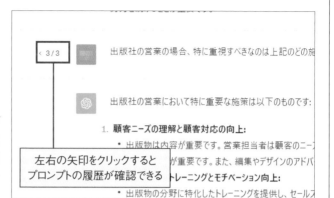

編集前・編集後のプロンプトの確認

自分の質問の左側には、矢印と数字が表示されている。この矢印をクリックすることでそのプロンプトの過去のバージョン（編集前のもの）を表示したり、現在のバージョンを表示したりと切り替えができる。

左右の矢印をクリックすると
プロンプトの履歴が確認できる

10

編集せずに別の回答を要求する

プロンプトの編集はしたくないけれども、別の回答が欲しい場合は「Regenerate」というボタンを押すと、同じ質問に対する別の回答が返ってくる。

ここをクリックすると
同じ質問に別の
回答を生成する

⟳ Regenerate

11

ここをクリックすると
回答がコピーできる

回答をコピーする

回答セクションの右上にあるクリップボードのようなアイコンを押すと、回答内容のテキストがコピーできる。

ChatGPTの無料版と
有料版の違い

ChatGPTはOpenAIのアカウントを作成すれば、誰でもすぐに基本的には無料で、利用を開始できます。元々、OpenAI社は非営利法人であったため、ChatGPTがリリースされた2022年12月当初は無料版しかありませんでした。

しかし、2023年2月1日より月額20ドルで利用できるChatGPT Plusという有料版がアメリカで先行リリースされ、その10日後には日本でも申し込みが行えるようになりました。

それでは、ChatGPTの無料版と有料版のChatGPT Plusは、何がどう違うのでしょうか。まず、1つ目の違いはサーバーの応答速度です。無料版では、サーバーが混雑した場合にはChatGPTのサイトそのものにアクセスしにくくなりますが、ChatGPT Plusなら混雑時でも快適にアクセスし、利用することができます。有料版のほうが優先的にアクセスがしやすいのです。

そして、ChatGPT自体の応答速度も、有料版のほうが高速です。特に混雑時には、無料版を使用しているユーザーはChatGPTの応答速度が遅くてイライラさせられることがあると思いますが、有料版なら高速で回答を得ることができます。ビジネスでChatGPTを使っている人は、有料版のほうがいいでしょう。

なお、ChatGPTが使っている大規模言語モデルはGPTというものですが、無料版の場合はGPT-3.5というバージョンしか使えません。ところが、有料版ならGPT-4という最新バージョンを使うことが可能になります。GPT-4の性能はGPT-3.5よりも大幅に向上しているため、より高い性能のAIを使いたい場合は、有料版に乗り換えるべきでしょう。

それらに加え、ChatGPTに新しい機能が追加された場合、有料版のユーザーは優先的にその新機能が試せるのに対し、無料版のユーザーは優先的にアクセスすることができません。

新機能といえば、Webブラウジング機能とプラグインがあります。ChatGPTは2021年までにインターネット上に存在していた情報を元に学習しているので、現在の最新情報には疎いという欠点があります。その欠点を補うために最新の知識についてWeb検索で補足させるのがWebブラウジング、プラグインはサードパーティーが提供するChatGPT用のアプリを指します。

第3章

ChatGPTで効率的に文章を作成・編集するずるい仕事術

01 メールの下書きを 書いてもらう

メールの作成をChatGPTにお願いする

ChatGPTは文章生成AIですので、当然ながら私たちがふだんやり取りしているメールを書くことが可能です。ビジネス上のメールとなると丁寧な言葉遣いなどが必要になるため、ビジネスメールを書くのが苦手という方も多いはず。ここではChatGPTにメールの下書きをしてもらうためのプロンプトを紹介します。ポイントは、メールの内容、送付先は誰なのか、初めてのメールかどうか、質問事項や期日などをはっきりと指定することです。

プロンプト

ビジネスメール作成

メールを書く際の前提条件

メール内容

メールに書いてほしい内容

件名を考えてほしい場合は最後に入力

»SAMPLE

ビジネスメール作成

・差出人は今治商事の田中太郎
・送付先は取引先の佐藤一郎
・初めてのメール
・返信は早めにほしい

メール内容

・自社のサービスについての案内
・導入を検討してほしい
・質問事項

また、この内容に即した件名も考えてほしい

»ChatGPTの出力

件名: 自社サービスのご案内と導入検討について

佐藤一郎 様

お世話になっております、今治商事の田中太郎です。初めてのご連絡となりますが、何卒よろしくお願い申し上げます。

当社のサービスについて、ご興
(以下省略)

02 メールの返信を作成してもらう

メールをコピペして返信を書くよう頼むだけでOK

ChatGPTは、あなたが受信したメールへの返信を書くことも可能です。やり方は簡単。あなたが返事をしたい先方からのメールをコピー&ペーストして、ChatGPTに読んでもらい、返事を書いてと頼むだけです。もし、ChatGPTが生成した返事に気に入らない点があれば、修正を希望するポイントを伝えることで修正してくれます。これはとてもシンプルなやり方なので、メールを書くのが苦手な人は使ってみましょう。

プロンプト

以下のメールへの返信を作成してください。

返事を書いてほしいメールをペースト

»SAMPLE

以下のメールへの返信を作成してください。

山本英語教室の山本次郎様
御社が販売しているオーディオブック「英語を学ぶ」を購入した鈴木太郎です。スマホにダウンロードしましたが、専用のスマホアプリで再生ができません。パソコンのアプリでは再生可能ですが、スマホで聞くことができません。以前にもこのようなことがあったので、早急にスマホアプリを改善してください。対応によっては貴社でのオーディオブックは今後買わないかもしれません。

»ChatGPTの出力

Subject: スマホアプリの改善に関するお問い合わせについて

鈴木太郎様、

お世話になっております。山本英語教室でございます。まず初めに、弊社のオーディオブック「英語を学ぶ」をご購入いただき、誠にありがとうございます。そして、お手数をおかけし誠に申し訳ございませんが、スマホアプリに関する問題を抱えていることをお知らせいただき、誠にありがとうございます。

（以下省略）

03 顧客に合わせた謝罪文を書いてもらう

謝罪文に自信がないならChatGPTに任せよう

ビジネスの現場では、謝罪の仕方をちょっとでも間違えば、それがあなたにとっての致命傷にもなりかねません。

文章を書くのが苦手な人は、ChatGPTに謝罪文の生成、またはチェックをお願いしましょう。

ポイントは、「謝罪文を書いて」とただ頼むのではなく、ChatGPTに謝罪をする上での重要ポイントを整理してもらってから、それを踏まえた謝罪文を作ってもらうことです。

プロンプト

ビジネス上の 指定したい条件 謝罪に関する重要ポイントを教えてください。
そのポイントと以下の事情を踏まえて謝罪文を作成してください。

謝罪することになった事情

»SAMPLE

ビジネス上の 顧客への 謝罪に関する重要ポイントを教えてください。

そのポイントと以下の事情を踏まえて謝罪文を作成してください。

弊社が製造販売しているパソコンを納期までに納品できなかったことについて謝罪文を書いてください。

»ChatGPTの出力

ビジネス上の顧客への謝罪は非常に重要です。以下は、謝罪文を書く際に考慮すべき重要なポイントです。

誠実な謝罪: 謝罪文の冒頭で、誠実で心からの謝罪を表明します。顧客に失望を与えたことを認め、そのことに対する責任を取ります。

（以下省略）

04 ビジネス書類のテンプレートを作成してもらう

目的に即したテンプレートが作れる

　ビジネスの現場では、さまざまな書類が必要になります。業種によっては、一からテンプレートを作らなければいけない書類もあるでしょう。そういった書類のテンプレート作成もChatGPTに任せることができます。書類の名前を指定して、作成を頼むだけではこちらが盛り込んで欲しい項目がテンプレートに含まれていないこともあります。その場合は、ChatGPTに盛り込んでほしい項目をあとから指定して追加してもらいましょう。

プロンプト

以下の書類のテンプレートを作成してください。

その書類の名前と概要

その書類に以下の項目を追加してください。

書類に追加または削除してほしい項目

»SAMPLE

以下の書類のテンプレートを作成してください。

・九段インテリジェンス株式会社営業一課で使用。
・プレゼンに用いる新商品の企画書のテンプレート。
・作成者は佐藤一郎。

その書類に以下の項目を追加してください。

そのテンプレートから質疑応答という項目を削除してください。

»ChatGPTの出力

以下は、新商品の企画書のテンプレートです。質疑応答の項目を削除し、作成者を佐藤一郎としています。

九段インテリジェンス株式会社営業一課

新商品企画書
（以下省略）

05 箇条書きを文章にしてもらう

箇条書きを提示するだけでテキストにまとめてくれる！

　文章を書くのが苦手な人は、自分が書きたいと思う内容を箇条書きにしてChatGPTに伝えるだけで、ChatGPTがそれを文章として生成してくれるので利用してみましょう。その際のコツは、箇条書きの内容をできるだけ具体的なものにすること。また、すでにある文章を箇条書きとして要約するという逆のこともChatGPTにしてもらうことが可能です。「箇条書き→文章」、「文章→箇条書き」の両方を上手に活用しましょう。

プロンプト

以下の箇条書きを文章としてまとめてください。

文章としてまとめたい内容を箇条書きで入力

»SAMPLE

以下の箇条書きを文章としてまとめてください。

- ・イベント開催日時：2023年10月30日午後1時から5時
- ・場所：池袋山田ビル5F
- ・入場料：無料
- ・事前予約：なし
- ・会社名：宇和島テクニカル
- ・担当部署：広報課
- ・担当者：川島信夫
- ・対象：20代のビジネスマンの男女
- ・イベント内容：新製品体験会
- ・弊社の目的：新商品の特徴を説明するとともに、新商品を実際に使ってみてもらい、フィードバックを得る
- ・目的達成のための施策：来場者へ積極的に声掛けする

»ChatGPTの出力

宇和島テクニカルは、2023年10月30日に池袋山田ビル5Fで午後1時から5時までのイベントを開催します。このイベントは、入場料は無料で、事前予約は不要です。主催は宇和島テクニカルの広報課で、担当者は川島信夫です。

対象は、20代のビジネスマンの男性と女性で、イベントの内容は新製品体験会です。当日、新商品の特徴を説明し、来場者に新商品を実際に使って試してもらい、フィードバックを得ることが弊社の目的です。そのため、来場者への積極的な声掛けが行われま
（以下省略）

06 アンケートを作成してもらう

概要を伝えるだけでアンケートの設問を作ってもらう

ビジネスの現場では、市場調査のためにさまざまなアンケートを実施する必要があります。しかし、アンケートの設問の作り方を間違えてしまうと、本来得たいと思っていたフィードバックを得ることができなくなってしまいます。そこで、そういったミスを減らすためにもChatGPTにアンケートを作ってもらうことでヒューマンエラーを減らすことができるかもしれません。やり方は、こちらの概要を伝えてアンケート作成を依頼するだけです。

プロンプト

以下の条件を踏まえてアンケートを作成してください。
- あなたは 業種 で働く 部門の役職 です。
- 商品 のためのアンケート調査を行います。
- その内容は 聞きたい内容 についてです。
- アンケート項目は 項目数 項目にしてください。

»SAMPLE

以下の条件を踏まえてアンケートを作成してください。
- あなたは エアコン開発会社 で働く 広報部のマネージャー です。
- 商品であるエアコン のためのアンケート調査を行います。
- その内容は 消費者が エアコンに求める新機能は何か についてです。
- アンケート項目は 10 項目にしてください。

»ChatGPTの出力

エアコンの新機能に関するアンケート調査

尊敬される皆様へ、私たちエアコン開発会社では、新たな製品を開発する際に消費者の声を重要視しています。アンケートのご協力をお願い申し上げます。以下の質問にお答えいただければ幸いです。

（以下省略）

よくある質問を作成してもらう

FAQもChatGPTが作成してくれる

よくある質問（Frequently Asked Questions＝FAQ）もChatGPTが作成してくれます。企業は、消費者から多く寄せられる「よくある質問」を自社のHPに掲載するのが普通です。FAQは質問と回答で構成されていますが、ChatGPTに作ってもらうのは質問部分になります。質問を作ってもらい、それに対してあなたが回答を加えればFAQが完成するというわけです。まずは、想定されるFAQを洗い出してもらいましょう。

プロンプト

商品など に関して、消費者から寄せられるであろう質問を想定し、
FAQを合計 問題数 問作ってください。

»SAMPLE

弊社が今度発売するモバイルノート に関して、消費者から寄せられるであろう
質問を想定し、FAQを合計 10 問作ってください。

»ChatGPTの出力

モバイルノートに関するFAQ

1.Q:このモバイルノートはどのようなスペックを持っていますか？
A:当社のモバイルノートは高性能プロセッサ、大容量ストレージ、高解像度ディスプレイなど、優れたスペックを備えています。詳細は製品ページでご確認いただけます。

2.Q:どのようなオペレーティングシステムが搭載されていますか？
A:弊社のモバイルノートには最新のオペレーティングシステムがプリインストールされており、使いやすさとセキュリティを提供します。

3. Q: バッテリー寿命はどのくらいですか？
（以下省略）

 08 日報や報告書を作ってもらう

報告する内容・文字数を決める

日々働いていると、上司に日報や報告書を提出しなければならない場合があります。そういった報告書の類いも、ChatGPTに任せてしまえば簡単に作成してもらえます。コツは、報告書のテンプレートにある要素を箇条書きで漏らさず指定することです。基本的に、箇条書きで具体的な内容を書くことで、ChatGPTが報告書の形式にまとめてくれます。29ページで解説した通り、まずテンプレートを作ってもらってもいいでしょう。

プロンプト

以下の内容で、 報告したい内容 についての報告書を作成してください。
提出するのは上司 任意の人物 です。

・報告者： 報告したい内容
・日時： 報告したい内容
・場所： 報告したい内容
・内容： 報告したい内容

»SAMPLE

 以下の内容で、
私が主催した新商品発売記念イベント
についての報告書を作成してください。
提出するのは上司 森茂雄 です。
・報告者： 山田太郎
・日時： 2023年9月14日
・場所： 新宿長宗我部ビル
・内容：
今秋に発売するモバイルノート「hyperlightnote02」の新商品発売記念イベントを行い、大盛況を博した。イベント参加者に新商品を実際に触ってもらい、多くのフィードバックも得られた。

»ChatGPTの出力

 ＊＊報告書＊＊

＊＊報告者:＊＊ 山田太郎
＊＊提出者:＊＊ 森茂雄

＊＊日時:＊＊ 2023年9月14日
＊＊場所:＊＊ 新宿長宗我部ビル

＊＊新商品発売記念イベント報告＊＊

＊＊概要:＊＊

当報告書は、2023年9月14日に新宿長宗我部ビルで行われた（以下省略）

09 ダミーデータを作ってもらう

ダミーデータもパスワードも作成してくれる

システムをテスト運用したり、サンプル資料を作成したりする際に必要になる「ダミーデータ」というものがあります。実在のデータではなく、サンプルとして用意する架空のデータのことです。これもChatGPTに頼めば、簡単に作ってもらうことができます。コツは、条件を具体的に指定し、なおかつデータの個数を指定すること。また、パスワードの候補もChatGPTに文字数などを指定すれば、同様に複数候補を挙げてくれます。

プロンプト

以下の条件を満たすダミーデータを データの数 個作成してください。
ダミーデータの条件

»SAMPLE

以下の条件を満たすダミーデータを 30 個作成してください。

・姓名あわせて2文字以上9文字以下の日本人の名前
・男女比率がちょうど50：50になるようにする
・年齢分布を12歳から65歳までまんべんなくなるようにする

»ChatGPTの出力

以下は、指定の条件に合った30個のダミーデータです。

1. 田中太郎, 男性, 27歳
2. 山田美和, 女性, 41歳
3. 佐藤健太, 男性, 35歳
4. 鈴木千夏, 女性, 28歳
5. 高橋雅彦, 男性, 47歳
6. 伊藤優子, 女性, 22歳
7. 渡辺拓也, 男性, 33歳
8. 中村麻衣, 女性, 50歳
9. 小林悠太, 男性, 19歳
10. 加藤朋子, 女性, 45歳
11. 吉田昭夫, 男性, 56歳
12. 山口真理, 女性, 38歳
（以下省略）

企画書を作成してもらう

アイデアと企画書を一気に作れる

　ChatGPTは、企画に関しても大いに役立ってくれます。企画においてChatGPTを活用できる場面は2つ。「企画のアイデア出し」と「企画書の作成」です。ここでは2つのプロンプトを紹介します。ChatGPTに、「○○についてのアイデアを出して」と頼むとアイデアをたくさん出してくれます。そして、こちらのアイデアを箇条書きで伝えて、それを企画書にしてと頼むと企画書の体裁のテキストを作成してくれるのです。

プロンプト

| アイデアが欲しい内容 |のアイデアを| アイデアの数 |個出してください。
次にそのアイデアをもとに企画書を作成してください。

»SAMPLE

| 睡眠効果を上げるタブレット |のアイデアを| 5 |個出してください。
次にそのアイデアをもとに企画書を作成してください。

»ChatGPTの出力

睡眠効果を高める「はちみつタブレット」のアイデア5選：

1.「リラックスブレンド」
　- 商品名：「はちみつタブレット - リラックスブレンド」
　- アイデア：はちみつにリラックス効果のある成分を組み合わせ、ストレス解消をサポート。就寝前に取ることで、深い眠りを促進。

（中略）

企画書：

　はちみつタブレット - 睡眠と健康の新たなアプローチ

　商品概要：
（以下省略）

11 プレゼンの原稿を作成してもらう

プレゼンの構成案と原稿もお手のもの

　企業で行うプレゼンテーションの原稿もChatGPTに頼めば作ってもらうことができます。プレゼンの原稿を作ってもらうには、箇条書きでいいのでテーマやポイントを具体的に指定することが大切です。それらを指定すれば、プレゼンの構成、見出し、説明文などを作ってくれるので、それを読んだ上で各自が手直しをするだけで完成します。また、プレゼンの原稿が短い場合は、「続きを作成してください」と言えば続きを作ってくれます。

プロンプト

プレゼンしたい内容 についてのプレゼンを行います。
以下の内容を踏まえた上で、プレゼンの構成案および原稿を作成してください。
プレゼンに盛り込みたい内容を具体的に箇条書きで入力

»SAMPLE

発音を強化する機能をそなえた英会話学習専用アプリ

についてのプレゼンを行います。以下の内容を踏まえた上で、プレゼンの構成案および原稿を作成してください。

・英会話学習専用アプリの名前は「Lingoo　リングー」
・発音を強化するための音声機能について説明する
・他の英会話学習アプリとの違いについて説明する

»ChatGPTの出力

プレゼン構成案:

I. イントロダクション
　A. 開会の挨拶
　B. プレゼンの目的と概要

II. Lingoo リングーとは
　A. アプリの紹介
　B. 主な特徴

III. 発音を強化する音声機能
（以下省略）

スピーチの原稿を書いてもらう

スピーチ時間に合わせて文字数を調整しよう

　会社に勤めていると、朝礼などでスピーチをする必要に迫られることもあるでしょう。そうした場合に、自分で考えるのではなく、ChatGPTに前もって原稿を作ってもらっておけば時間と労力の節約になります。スピーチの原稿を作成してもらう時に気をつけるべきは、スピーチを話す時間が長くなりすぎないように文字数を指定すること。何度か試行錯誤してみて、ちょうどいい時間で終わるスピーチ原稿を作ってもらいましょう。

プロンプト

あなたは優れたスピーチライターです。以下の条件を踏まえた上で、
| 話す場面 | で話すスピーチ原稿を作ってください。

| スピーチに盛り込みたい内容 |

»SAMPLE

あなたは優れたスピーチライターです。以下の条件を踏まえた上で、
| 会社の慰労会 | で話すスピーチ原稿を作ってください。

- 広報部の部下たちの前で話す
- 来月退職する山口さんへの労いと感謝の言葉を述べる
- 山口さんはかつての上司
- これからの広報部のあり方と、抱負について述べる
- 締めの言葉は、山口さんへの再度の労いの言葉で終わる
- 時間は3分程度で終わる文字数にする

»ChatGPTの出力

尊敬する皆様、本日は広報部の慰労会にお集まりいただき、非常に光栄に思います。広報部の部下の皆さん、そして特に今後退職される山口さんに向けて、心からの感謝と労いの言葉を述べさせていただきます。

山口さん、私たちはあなたの下で働くことができて本当に幸運でした。あなたは優れたリーダー（以下省略）

文章の続きを書いてもらう

文章を最後まで書ききることができる

長い文章を書くのが苦手な人にとって、ChatGPTは強力な味方になり得ます。最初から最後まで文章を書き上げるのが大変な場合は、途中まで書いた文章の続きをChatGPTに頼んで書いてもらうこともできます。ただし、その続きがどんな内容になるのかについては、ある程度具体的に指定しておく必要があります。報告書、企画書、小説、記事などどんなジャンルの文章であっても条件を指定すればChatGPTが続きを作ってくれます。

プロンプト

以下の文章の続きを書いてください。ただし、下記の条件を満たしてください。

途中まで書いた文章をカギ括弧つきで入力

盛り込んでほしい内容を箇条書きで入力

»SAMPLE

以下の文章の続きを書いてください。
ただし、下記の条件を満たしてください。

「英会話学習専用のアプリケーション「Lingoo リングー」は、幅広いユーザーに英語のスキル向上を提供します。このアプリの主な特徴は、発音を強化する音声機能です。」

・英会話アプリの強みを具体的に説明する
・他社製品にない強みである「発音矯正機能」について触れる
・SNSとの連携によるユーザーコミュニティの構築について触れる

»ChatGPTの出力

英会話学習専用のアプリケーション「Lingoo リングー」は、幅広いユーザーに英語のスキル向上を提供します。このアプリの主な特徴は、発音を強化する音声機能です。そして、なぜ「Lingoo リングー」が他の英会話アプリに比べて優れているのか、以下にその強みを具体的に説明いたします。

1. **発音矯正機能**: 「Lingoo リングー」の最大の特徴は、他社（以下省略）

プレスリリースを書いてもらう

ChatGPTはプレスリリース作成が得意

　企業の広報担当者や広告会社等が、報道関係者に向けて発信する「プレスリリース」。ChatGPTは、プレスリリースのような説明文を作成するのが非常に得意です。なぜなら、プレスリリースはインターネット上に多数公開されていて、ChatGPTは多くのプレスリリースを元に学習しているからです。プレスリリースを書いてもらう際に気をつけるのは、商品やサービスの具体的な内容と字数または枚数を指定することです。

プロンプト

> プレスリリースを作成したい商品 についてのプレスリリースを作成してください。
> 条件は以下の通りです。
> 内容と条件を箇条書きで入力

»SAMPLE

弊社が新発売するモバイルノート についてのプレスリリースを作成してください。
条件は以下の通りです。

- 発売日は2023年10月27日
- 13インチの筐体に14インチディスプレイを実現したモバイルノート
- 重量は850ｇとかなり軽い
- 本体カラーは黒、白、赤、青の4種類
- バッテリーを使用者が自分で交換可能
- プレスリリースは300文字以内

»ChatGPTの出力

【プレスリリース】

新次元のモバイルノートが登場！13インチ筐体に14インチディスプレイを搭載

2023年10月27日、私たちは革命的なモバイルノートを発売いたします。このノートは13インチの軽量筐体に、まるで14インチの広大なディスプレイを搭載しています。850ｇという驚くべき軽さで、持ち運びも快適です。
（以下省略）

SNS向けの文章を書いてもらう

SNSの特徴に合わせた文章をリクエスト

ChatGPTは、XやInstagramなどのSNSに投稿する文章も作成することが可能です。あなたが投稿したい内容の趣旨を伝えて、そのSNS向けの文章になるようにリクエストしましょう。また、すでに自分で下書きした文章をSNSに合わせて修正してもらうことも可能です。ちなみにChatGPTが学習したデータは最新ではなく、Xという新社名を出してもChatGPTには通じないので、旧社名のTwitterを使ってください。

プロンプト

アカウントの説明とSNSの指定 に投稿する文章を以下の目的または狙いを踏まえて考えてください。

投稿の目的や狙いを箇条書きで入力

» SAMPLE

山形県にあるワイナリーのTwitter公式アカウント

に投稿する文章を以下の目的または狙いを踏まえて考えてください。

・来月に開催する予定の試飲会に多くの人に来て欲しい
・早めに予約した人にはワインボトル1本をプレゼントすること

» ChatGPTの出力

【ワイナリーのTwitter公式アカウント投稿】

お知らせ

山形の美しいワイナリーで、素晴らしいひとときを楽しみませんか？来月に、特別な試飲会を開催予定です！

早期予約者には、素敵なサプラ
（以下省略）

16 逆質問でクオリティの高い文章を書いてもらう

ChatGPTからの質問で必要な条件を明らかにする

　ChatGPTに文章を作成してもらう際に覚えておきたいコツとして、「逆質問」があります。逆質問とは、こちらが書こうとしている文章の質を高めるために必要な条件や内容等があるにもかかわらず、こちらがそれに気づいていない場合にChatGPTのほうから逆に質問してもらって内容を補足することを言います。手順は簡単で、最初の質問をする際に逆質問をしてくれるよう頼む一文を最後に付け加えるだけです。

プロンプト

　 書きたい内容 に関する 書きたい文章の種類 を書きたいと思っています。
あなたがその文章を書くにあたり、文章の質を高めるために必要な条件や
内容が足りない場合は、私に質問してください。

»SAMPLE

弊社が発売する睡眠改善アプリ に関する 説明文 を書きたいと思っています。
あなたがその文章を書くにあたり、文章の質を高めるために必要な条件や内容が足りない場合は、私に質問してください。

»ChatGPTの出力

もちろん、睡眠改善アプリに関する説明文を作成します。ただし、いくつかの情報が必要です。以下の条件と情報を提供していただけると、より具体的で効果的な説明文を作成できます：

1. アプリ名: あなたのアプリの名前は何ですか？
2. 特長と機能: アプリの主な特長や機能について教えてくださ（以下省略）

指定した文字数で文章を書いてもらう

文字数を指定するとその制限を守ってくれる

ChatGPTに対して、何らかの文章を作成してほしいと頼むと、指示された内容の文章をそれなりに長めの分量で作ってきます。そのため、こちらの指定する文字数で文章を作成してほしい場合は、あらかじめ文字数指定を行っておく必要があります。また、1回で生成できる文章の文字数には制限があり、現在のバージョンでは約2000字の生成で文章が途切れてしまうため、長文を作成する場合には続きを書いてくださいと改めて指示し直す必要があります。

プロンプト

書きたい内容 について 指定したい文字数 字以内で教えてください。

»SAMPLE

中高生がタブレットを使って勉強するメリット について 200 字以内で教えてください。

»ChatGPTの出力

中高生にとって、タブレットを使用した学習には多くの利点があります。タブレットを活用することで、デジタル教科書や多彩な学習アプリにアクセスし、効果的な学習が可能です。また、視覚的でインタラクティブなコンテンツを通じて、興味を引きながら学び、自己調整能力を養います。デジタルノートを取ることで、授業内容や宿題を整理し、検索も容易になります。更に、タブレットを使用して学習スケジュールを管理することで、時間を効率的に活用し、時間管理のスキルを向上させます。総合的に、タブレットを使った学習は、中高生の学習体験を向上させ、情報社会に適応する力を養います。

ミーティングの日程調整をする

相手、日時、場所などを伝えて書いてもらおう

　ミーティングの日程を調整するメールを送るのは面倒なものですが、ChatGPTにミーティングの相手と日程の候補日時を伝えてビジネスメールを作成するように頼むと、相手方に送る日程調整の打診メールを作ってくれ

るので便利です。その際に、自分と相手との関係性について具体的に触れておくと、文体をそれに合わせて調節してくれます。複数の相手に送る場合もその旨を指示すれば複数のメールを作成してくれます。

プロンプト

以下の内容で相手方にミーティングの日程調整を打診するメールを作ってください。
相手との関係性は、
[相手との関係性] です。

メール送信者：[自分の署名]
ミーティング相手：[相手の名前や肩書]
候補日：[任意の日付]
場所：[任意の場所]

»SAMPLE

以下の内容で相手方にミーティングの日程調整を打診するメールを作ってください。
相手との関係性は、
[私が年下で、相手が取引先の課長]です。
メール送信者：
[船橋スペシャル株式会社沖田真一]
ミーティング相手：
[深谷インターナショナル株式会社
山形雄一課長]
候補日：
[9月12日13時、9月15日15時]
場所：
[弊社応接室または船
橋駅前貸し会議室]

»ChatGPTの出力

件名：
ミーティングの日程調整に
ついて

山形課長様、

お世話になっております、船橋
スペシャル株式会社の沖田真一
と申します。お世話になります。

ご多忙の中、大変恐縮ではござ
いますが、今後の取引について
ご意見交換をさせていただくミー
（以下省略）

19 英単語から文章を書いてもらう

自然な例文を瞬時に作ってくれる

英語を学習していると、ある単語が文章の中でどう使われているのかを知りたくなる時があります。単語だけを単体で覚えるよりも、実際にどう使われているのかを知るほうがはるかに覚えやすいですし、実践的な知識として身につくからです。ChatGPTは、元々英語ベースのAIですので、英語に関する質問にも答えてくれます。英単語を投げれば、それを使った自然な例文を瞬時に作ってくれるのです。英語学習者はぜひ活用しましょう。

プロンプト

| 任意の英単語 | という英単語を使った例文を | 例文の数 | 個作成し、
その下にそれぞれの日本語訳を書いて括弧でくくってください。

»SAMPLE

Indispensable という英単語を使った例文を 3 個作成し、
その下にそれぞれの日本語訳を書いて括弧でくくってください。

»ChatGPTの出力

もちろんです、"indispensable" という単語を使った例文を3つ作成いたします。

1.The experience and knowledge of our senior team members are **indispensable** for guiding us through complex projects. (当社のシニアチームメンバーの経験と知識は、複雑なプロジェクトを案内するために不可欠です。)

2.In today's digital age, a reliable internet connection has become **indispensable** for both work and personal life. (現代のデジタル時代において、信頼性のあるインターネット接続は仕事も個人の生活において不可欠になりました。)

3. Effective time management is **indispensable** to meet (以下省略)

20 英語でのミーティングの内容をロールプレイしてもらう

ChatGPTは誰かになりきってロールプレイするのが得意

　もし、あなたが外国人の上司や取引先の社員とのミーティングや面接を控えている場合、事前に相手がどんな質問をしてくるかを想定した「ロールプレイ」ができたら便利だと思いませんか？　ChatGPTは、ある役割

になりきって話すことが得意なので、外国人になりきってもらってロールプレイをしてもらうことも可能です。自分と相手との関係、どんな目的で会うのかなどを伝えてロールプレイをしてもらいましょう。

プロンプト

以下に挙げる条件を守って、私とロールプレイを行ってください。

ロールプレイの条件

»SAMPLE

以下に挙げる条件を守って、私とロールプレイを行ってください。

条件：私の名前は「Taro Yamada」、相手はサンフランシスコモービルという会社の日本支社長である「John Hawkins」氏です。私は過去に5年間、日本の自動車メーカーの北米支社での

勤務経験があり、それを生かして転職をしたいと思っています。Hawkins氏との面談は、その採用面接になります。Hawkins氏が私に対してするであろう質問を英語で5つ考えて、私とロールプレイしてください。質問は1回に1つでお願いします。質問には日本語訳もつけてください

»ChatGPTの出力

Sure, let's start the role-play.

John Hawkins (JH): Hello, Taro Yamada. It's great to meet you. I see from your resume that you have experience working

in the North American branch of a Japanese automotive manufacturer. Can you tell me more about your experience there?
（以下省略）

誤字や脱字を直してもらう

ChatGPTは文章生成AIなので文章の修正もできる

ChatGPTは、人間が書いたり話したりするのと同じような文章を生成できるのが最大の強みです。そのため、私たちの書いた文章のどこを修正すればいいかを聞くと、的確に修正箇所を指摘することができます。

つまり、ChatGPTは文章の「校正」ができるのです。あなたが文章を書いた場合、それを提出する前にChatGPTに校正させてみましょう。あなたが気づいていなかった誤字や脱字が見つかるかもしれません。

プロンプト

以下の文章を下記の条件に従って校正してください。

条件を入力

校正したい文章をペースト

»SAMPLE

以下の文章を下記の条件に従って校正してください。

・誤字と脱字を修正してください

今季の営業成績が悪い要因の一つに、ま石油価格高等によ材料費の増加が考えられます。また、取引先の行跡が悪化していることから以前より受注量が減っていることも減員のひとつdす。

»ChatGPTの出力

今季の営業成績が悪い要因の一つに、原油価格の高騰による材料費の増加が考えられます。また、取引先の実績が悪化していることから以前より受注量が減少していることも一因です。

22 文章の一部を置換してもらう

語句の追加を伴う置換もできる

ChatGPTには、文章中の語句の「置換」を頼むこともできます。置換とは、条件に従って、すでに存在している語句を別の語句に変換してもらったり、新たに語句を付け加えてもらったりすることです。例えば、文中に出てくる「目的」という言葉をすべて「目標」という言葉に置き換えるといったことです。また、文中に登場するすべての数字のあとにピリオドを付け加えたり、括弧でくくったりなど、語句の追加を伴う置換もしてくれます。

プロンプト

以下の文章に対して、下記の条件に従って置換作業を行ってください。

条件を箇条書きで入力

置換したい文章をペースト

»SAMPLE

以下の文章に対して、下記の条件に従って置換作業を行ってください。

・John Hawkins氏をジョン・ホーキンス氏に置換する
・Hawkins氏をホーキンス氏に置換する

John Hawkins氏との面接は、非常に貴重な経験でした。彼との対話を通じて、私の過去の経験と将来のキャリアについての洞察が得られました。
また、面接でHawkins氏は、私の過去の5年間の自動車業界での経験に焦点を当て、それを新しい職場でどのように活かすかについて詳細に尋ねてくれました。

»ChatGPTの出力

ジョン・ホーキンス氏との面接は、非常に貴重な経験でした。彼との対話を通じて、私の過去の経験と将来のキャリアについての洞察が得られました。
また、面接でホーキンス氏は、私の過去の5年間の自動車業界での経験に焦点を当て、それを新しい職場でどのように活かすかについて詳細に尋ねてくれました。

23 文章にリスクがないか確認してもらう

炎上するリスクを事前に回避する

　SNSなどの投稿で不適切な発言をして炎上する人が後を絶ちません。ChatGPTは、あなたが投稿する前に文章に「炎上リスク」がないかどうかをチェックして、どのように修正すればいいかを提案してくれます。

やり方はシンプル。自分の投稿前の文章をChatGPTに読んでもらい、炎上しそうなリスクがないかどうかを聞いて、あるなら修正するようにお願いするだけです。炎上が怖い人はぜひChatGPTを活用してみましょう。

プロンプト

まず、以下の文章に、差別的、侮辱的、または不適切な文言や表現が含まれていないかをチェックし、問題個所を指摘してください。次に、適切な表現への修正案も提示してください。

チェックしてもらいたい文章をペースト

»SAMPLE

まず、以下の文章に、差別的、侮辱的、または不適切な文言や表現が含まれていないかをチェックし、問題個所を指摘してください。次に、適切な表現への修正案も提示してください。

この英語学習プログラムは、どれだけバカな人であっても使い方がわかりやすく、ちゃんと学習効果も得られるのでおすすめ。ただし、料金はそれなりにするので、貧乏人は手が出せないかもしれません。

»ChatGPTの出力

与えられた文章には侮辱的な表現が含まれています。特に、「バカな人」と「貧乏人」の表現は差別的で侮辱的です。以下は修正案です：

修正後の文章:
この英語学習プログラムは、どんな程度の経験がある方でも使いやすく、効果的な学習ができるため、おすすめです。ただし、料金は一部の方にとって高額かもしれません。

（以下省略）

議事録を作成してもらう

要点を伝えれば議事録にしてくれる

議事録を作成する仕事を任されたことがある人は多いのではないでしょうか。ChatGPTは、もちろん議事録の作成も助けてくれます。すでに議事録のフォーマットが決まっているなら、そのフォーマットを伝え、それに則ってあなたが入力した内容を議事録としてまとめてくれます。また、フォーマットが無い場合は、条件や項目を指定すればフォーマットを一から作ってくれます。面倒な議事録作成をChatGPTに助けてもらいましょう。

プロンプト

以下の内容を、下記のフォーマットに則って議事録としてまとめてください。

フォーマットを入力

議事録としてまとめたい文章をペースト

»SAMPLE

以下の内容を、下記のフォーマットに則って議事録としてまとめてください。

・タイトル
・会議日程
・出席者リスト
・議題1
・会議内容
・決議内容

タイトルは、新商品開発についての会議。会議

日程は2023年5月23日。出席者は、佐々木、宮本、岡田、河上の4名。議題1は、「新商品極薄モバイルバッテリーの販売戦略の見直しについて」。佐々木が販売戦略を見直すべきと発言し、河上が提案したCMをインターネット、特にYouTubeで流すことが決まった。岡田はそれについて、期待した効果が得られないのではないかと異論を唱えたが、宮本が現状のままよりはやった方がよいと主張し、CMの発注が決まり議決された。

»ChatGPTの出力

【議事録】

タイトル: 新商品開発についての会議
会議日程: 2023年5月23日
出席者リスト: 佐々木、宮本、岡田、河上

議題1: 新商品極薄モバイルバッテリーの販売戦略の見直しについて

会議内容:
（以下省略）

文章を要約してもらう

長い文章もChatGPTならすぐにまとめてくれる

インターネット上で見つけたニュースの記事やレポート、部下から提出された報告書などがあまりにも長すぎて最後まで読んで内容を把握するのに時間がかかる……と思ったことはありませんか?

そういう時は、ChatGPTにその長文を入力して要約するよう頼めば、簡単に内容を要約してくれます。例えば、前ページの議事録を入力して何文字以内で要約してと頼むと、以下のように要約してくれるのです。

プロンプト

以下の文章を要約してください。

要約したい長文をペースト

»SAMPLE

以下の文章を要約してください。
タイトル: 新商品開発についての会議

タイトル: 新商品開発についての会議
会議内容:
会議は2023年5月23日に開催され、新商品極薄モバイルバッテリーの販売戦略について議論されました。出席者は佐々木、宮本、岡田、河上の4名でした。議論の中で、佐々木は販売戦略の見直しが必要であるとの意見を提出しました。その後、河上はYouTubeなどのインターネット広告に焦点を当てた新たなCM提案を提

示しました。一方、岡田は新しいCM戦略が期待通りの効果をもたらすかどうかに疑念を示し、慎重な態度を取りました。しかし、宮本は現状のままよりも早くCMを発注するべきだと主張し、効果を検証しながら進めることが重要だと述べました。
決議内容:
議論の結果、新しいCM戦略の提案が採択され、CMのインターネットでの放送が決定しました。この決議により、商品の販売戦略の見直しは進行し、効果の評価を行いながら今後のステップを検討することとなりました。

»ChatGPTの出力

2023年5月23日に行われた「新商品開発についての会議」では、極薄モバイルバッテリーの販売戦略について話し合われました。出席者は佐々木、宮本、岡田、河上の4名で、佐々木が販売戦略の見直しを提案し、河上が新し

いCM戦略を提案しました。岡田は新しい戦略の効果に疑念を示しましたが、宮本はCMを早期に発注すべきだと主張し、最終的に新しいCM戦略がインターネットでの放送に決
(以下省略)

26 文章から特定のキーワードだけを抜き出してもらう

ChatGPTが指定した言葉を探してくれる

ChatGPTは、文章の中に含まれている特定の言葉だけを検索してハイライト表示することが可能です。例えば、「契約」という言葉が書かれている箇所を全部抜き出してハイライト表示してもらいたい場合などに便利です。

また、複数の文章をChatGPTに伝えて、この複数の文章に共通する内容を抜き出してくださいと頼むと、共通して使われている言葉を抜き出してくれます。特定の言葉を探す時に便利ですので使ってみましょう。

プロンプト

以下の文章から、「 抜き出したいキーワード 」というキーワードだけ
ハイライト表示してください。
キーワードを抜き出したい文章をペースト

»SAMPLE

以下の文章から、「 ホーキンス 」というキーワードだけハイライト表示してください。

ジョン・ホーキンス氏との面接は、非常に貴重な経験でした。彼との対話を通じて、私の過去の経験と将来のキャリアについての洞察が得られました。
また、面接でホーキンス氏は、私の過去の5年間の自動車業界での経験に焦点を当て、それを新しい職場でどのように活かすかについて詳細に尋ねてくれました。
ホーキンス氏の質問とアドバイスは、私が新しいチャレンジに向かうための明確な道筋を提供してくれました。彼の専門的な知識とリーダーシップに触れることができ、その結果、彼の会社で働くことに対する熱意が一段と高まりました。

»ChatGPTの出力

ジョン・ホーキンス氏との面接は、非常に貴重な経験でした。彼との対話を通じて、私の過去の経験と将来のキャリアについての洞察が得られました。また、面接でホーキンス氏は、私の過去の5年間の自動車業界での経験に焦点を当て、それを新しい職場でどのように活かすかについて詳細に尋ねてくれました。ホーキンス氏の質問とアドバイスは、私が新しいチャレンジに向かうための明確な道筋を提供してくれました。彼の専門的な知識とリーダーシップに触れることができ、その結果、彼の会社で働くことに対する熱意が一段と高まりました。

27 文章の内容を変えずにボリュームだけ増やしてもらう

ChatGPTなら内容を残したまま増量してくれる

38ページで紹介したように、ChatGPTは、私たちが途中まで書いた文章の続きを書くことが可能ですが、すでにある文章の「文字数を増やす」こともできます。例えば、500文字程度で書くべきレポートが300文字にしかならなかった場合に、ChatGPTにその文章を読ませて200文字増やしてほしいと頼むと、500文字に増量してくれるのです。ただし、正確な文字数で返ってきているかどうかは確認する必要があります。

プロンプト

以下の文章を、
内容はそのままに日本語で
文字数 文字分、 条件を指定 で
文章を増やしてください。
文章を増やしたい文章をペースト

»SAMPLE

 以下の文章を、内容はそのままに日本語で 200 文字分、
はちみつの効能を追加する形 で文章を増やしてください。

弊社が今秋に販売を予定している「はちみつタブレット」は、就寝前に1錠服用することで、寝付きやすくなり、熟睡しやすくなるという安眠効果の他、はちみつには免疫力が向上する栄養素が数多く含まれているため、健康な体を作るのに最適なサプリメントとなります。

»ChatGPTの出力

 弊社が今秋に販売を予定している「はちみつタブレット」は、就寝前に1錠服用することで、寝付きやすくなり、熟睡しやすくなるという安眠効果を提供します。しかし、はちみつにはこれだけでなく、免疫力を向上させる多くの栄養素も含まれています。これにより、健康な体を作るのに最適なサプリメントとなります。

はちみつは天然の抗酸化物質を含み、体の免疫システムをサポートします。また、抗菌作用もあり、風邪やインフルエンザなどの感染症から身を守るのに役立ちます。さらに、はちみつは喉の炎症を和らげ、咳を鎮める作用もあり、喉の不調を軽減します。

これらの健康効果に加えて、はちみつは天然のエネルギー源であり、疲労回復にも貢献します。
（以下省略）

文章の文体だけを変換してもらう

読む人に合わせた文体に変えることができる

　ChatGPTは、私たちの文章の文体を変えることができます。例えば、大学生が書いたような文章にする、子どもでもわかりやすいような文章にする、フォーマルな文体に変えてもらう、カジュアルな書き方に変えてもらうなど。これは、日本語だけでなく英語でも可能ですので、英文をもっと語彙を増やして知的な文体にするといったリクエストにも応えてくれます。文体を変えてほしい場合には、ぜひChatGPTに頼んでみましょう。

プロンプト

以下の文章を、 任意の文体 に変えてください。

文体を変えたい文章をペースト

»SAMPLE

以下の文章を、

もっと子どもにも分かりやすい簡単な文体 に変えてください。

> 弊社が今秋に販売を予定している「はちみつタブレット」は、就寝前に1錠服用することで、寝付きやすくなり、熟睡しやすくなるという安眠効果を提供します。しかし、はちみつにはこれだけでなく、免疫力を向上させる多くの栄養素も含まれています。これにより、健康な体を作るのに最適なサプリメントとなります。
> はちみつは天然の抗酸化物質を含み、体の免疫システムをサポートします。また、抗菌作用もあり、風邪やインフルエンザなどの感染症から身を守るのに役立ちます。さらに、はちみつは喉の炎症を和らげ、咳を鎮める作用もあり、喉の不調を軽減します。
> これらの健康効果に加えて、はちみつは天然のエネルギー源であり、疲労回復にも貢献します。「はちみつタブレット」は、これらの効能を手軽に摂取できる便利な方法を提供し、健康的な生活をサポートします。安眠効果と免疫力向上の両方を享受し、より健康な毎日を過ごしましょう。

»ChatGPTの出力

子ども向けの
文体に変わった

弊社が今秋に出す「はちみつタブレット」は、夜寝る前に１つ飲むと、良く眠れるようになります。それだけじゃなく、はちみつには体を元気にする成分もいっぱい入っているんだよ。
はちみつには、体を守る力をつけてくれるものがたくさん入っているんだ。風邪
（以下省略）

29 文章の表現を わかりやすくしてもらう

専門用語や知らない用語を初心者にもわかりやすくする

ChatGPTは、難しい単語、専門用語などが出てくる文章を、初心者などにもわかりやすい文体に変えることもできます。また、前項で述べたように「子どもでもわかるように」と具体的に指示することで、文体そのものを軟化してくれます。「専門用語を一切使わずに説明してください」というプロンプトを書くのもいいでしょう。自分ではよく意味が飲み込めない文章をChatGPTに入力してわかりすくしてもらうことで、理解も深まります。

プロンプト

以下の文章を、 分野の指定 の初心者でもわかるようにわかりやすいものに
変えてください。

わかりやすくしたい文章をペースト

»SAMPLE

以下の文章を、
生成AI の初心者でも
わかるようにわかりやすいものに
に変えてください。

生成AIの元になっている大規模言語モデル（LLM）とは、自然言語処理の一分野で用いられている人工知能の一種です。大規模言語モデルは、大量のテキストデータから学習することで言語表現の確率分布を学び、より自然で違和感の少ない文章を生成することができます。大規模言語モデルの学習には、パラメータの微調整などのファインチューニングが施されるのが一般的です。

»ChatGPTの出力

生成AIの基盤になっている大きな言語モデル（LLM）は、文章を理解し作成できるコンピュータの一種です。このモデルは、たくさんの文章を読んで学び、自然な文章を作るのに役立ちます。その結果、より自然で違和感のない文章を作れるようになります。大規模言語モデルを学ばせるときには、パラメータの微調整などの調整作業を通常行います。

文章の大事な点を抜粋してもらう

長く複雑な文章の重要ポイントを整理

ChatGPTは、長く複雑な文章から「要点」だけを抜き出して箇条書きにすることもできます。最後までじっくり読まなければ意味がよくわからないような論文、レポートなども、まずはChatGPTに要点を抜き出してもらえば、何が書いてあるのかがすぐにわかります。また、あらかじめ重要なキーワードがわかっている場合は、そのキーワードを指定してそれに関連する箇所だけを抜き出してもらうことも可能です。

プロンプト

以下の文章から、重要なポイントだけを抜き出してください。

重要なポイントを抜き出したい文章をペースト

»SAMPLE

以下の文章から、重要なポイントだけを抜き出してください。

弊社が今秋に販売を予定している「はちみつタブレット」は、就寝前に1錠服用することで、寝付きやすくなり、熟睡しやすくなるという安眠効果を提供します。しかし、はちみつにはこれだけでなく、免疫力を向上させる多くの栄養素も含まれています。これにより、健康な体を作るのに最適なサプリメントとなります。
はちみつは天然の抗酸化物質を含み、体の免疫システムをサポートします。また、抗菌作用もあり、風邪やインフルエンザなどの感染症から身を守るのに役立ちます。さらに、はちみつは喉の炎症を和らげ、咳を鎮める作用もあり、喉の不調を軽減します。
これらの健康効果に加えて、はちみつは天然のエネルギー源であり、疲労回復にも貢献します。「はちみつタブレット」は、これらの効能を手軽に摂取できる便利な方法を提供し、健康的な生活をサポートします。安眠効果と免疫力向上の両方を享受し、より健康な毎日を過ごしましょう。

»ChatGPTの出力

- 「はちみつタブレット」は秋に販売予定
- 1錠就寝前服用で安眠効果
- はちみつには免疫力向上に役立つ栄養素含有
- 天然の抗酸化物質と免疫サポート
- 抗菌作用、感染症予防
- 喉の炎症緩和、咳鎮静作用
（以下省略）

文章を翻訳してもらう

ChatGPTは英語を元にしたAI

ChatGPTは、文章を別の言語に翻訳するのが非常に得意です。なぜなら、ChatGPTは元々英語をベースにして作られたAIだからです。日本語を英語に翻訳する「日英翻訳」だけでなく、英語を日本語に翻訳する「英日翻訳」も瞬時に行ってくれます。また、英語以外にも数百以上の言語に対応しています（一部の言語は除く）。ただし、ChatGPTは専門的な知識には疎いため、専門的な文章を翻訳するのは苦手です。

プロンプト

以下の文章を、 任意の言語 に変えてください。

翻訳したい文章をペースト

»SAMPLE

以下の文章を、 日本語 に変えてください。

> This new anime starts with an incredibly exciting opening that grabs the viewer's heart from the very beginning. The protagonist initially appears as a timid boy, but as the story progresses, he gradually matures and undergoes a significant transformation. The supporting characters are also very captivating, and the subplots are highly enjoyable. The well-described characters make it recommendable even for adults who have never watched an anime based on a Japanese shonen manga.

»ChatGPTの出力

この新しいアニメは、非常に興奮を誘うオープニングから始まり、初めから視聴者の心をつかみます。主人公は最初は臆病な少年のように見えますが、物語が進むにつれて徐々に成長し、重要な変化を経験します。脇を固めるキャラクターも非常に魅力的で、サブプロットは非常に楽しめます。しっかりと描かれたキャラクターたちは、日本の少年漫画を原作とするアニメを見たことのない大人にもおすすめできます。

スペルミスを直してもらう

英文でも誤字・脱字の修正をしてくれる

ChatGPTは翻訳が非常に得意ですので、当然ながらスペルミスを見つけるのもお手のものです。あなたが書いた英文にスペルミスがないかをチェックしてくれます。また、以下のプロンプトのように、チェックするだけでなくスペルミスを直した状態で出力してもらうことが可能です。どこがスペルミスだったかを知りたい場合は、「スペルミスをハイライト表示してください」「抜き出してください」と伝えると、そこだけ指摘してくれます。

プロンプト

次の文章のスペルミスを修正してください。

スペルミスを直したい文章をペースト

»SAMPLE

 次の文章のスペルミスを修正してください。

This new anome starts with an incredibly exciting openinng that grubs the viewer's heart from the very begining. The protagonist inisially appears as a timid boy, but as the story progresses, he gradually matures and undergoes a significant transformation. The supporting characters are also very captibating, and the subplots are highly enjoyable. The well-described characters make it recommendable even for adalts who have never watched an anime based on a Japanese shonen manga.

»ChatGPTの出力 スペルミスが修正された

 This new **anime** starts with an incredibly exciting **opening** that **grabs** the viewer's heart from the very **beginning**. The protagonist **initially** appears as a timid boy, but as the story progresses, he gradually matures and undergoes a significant transformation. The supporting characters are also very **captivating**, and the subplots are highly enjoyable. The well-developed characters make it **recommendable** even for **adults** who have never watched an anime based on a Japanese shonen manga.

Google Bardは使えない？

文章生成AIは、ChatGPTがブームを巻き起こした火付け役ですが、OpenAIに巨額の投資をしたMicrosoftはBing AIを開発、それ以外の大企業も続々とAIビジネスに乗り出しています。

現在、ChatGPT以外の生成AIでBing AIの他に注目を集めているのが、Googleが開発した「Bard」です。

Bardは、Googleのアカウントを持っていれば無料で利用することができ、チャット送信回数の制限もなく、ChatGPTと同じように誰でも気軽に使うことができます。

ChatGPTもBing AIもその元になっている大規模言語モデルは同じ「GPT」ですが、片やGoogle Bardの元になっている大規模言語モデルは「LaMDA」というモデルで、人間とAIが自然な会話を行えるように設計されていると言います。

Google Bardを利用する方法は、ChatGPTと同じく、AIに対してプロンプト（命令、質問）を送信して、その回答を生成してもらう形です。Google Bardの強みは、検索エンジンであるGoogleの検索技術を利用して回答を生みだしていることにあります。

ChatGPTは、2021年までにインターネット上にあった情報を元に学習していますが、最新のGoogleの検索結果などには対応していません。ところが、Google BardはGoogleと連携しているため最新の情報の反映も可能なのです（Bing AIも同様に最新の情報に対応しているとされています）。

Google BardのChatGPTと異なる仕様としては、AIから回答が返ってきた時に、「他の回答案」を選択して表示させることができる点が挙げられます。複数の回答がありえる場合に、簡単に他の回答案を見ることができるのは便利です。

ただしGoogle Bardは、ChatGPTが巻き起こしたAIブームに乗り遅れまいと開発途中だったものを見切り発車でリリースしたとも言われており、性能的にもChatGPTに比べると応答速度が遅いというデメリットがあるようです。

とはいえ、今後はGoogleもAIの開発に注力していくでしょうから、いずれはGoogleという世界最大の検索エンジンを武器にChatGPTを超える生成AIへと変貌を遂げる可能性もなくはないでしょう。

第4章

ChatGPTで効率的に アイデア出しする ずるい仕事術

01 1人ブレストで アイデアを考える

ひとりでも考えをまとめられる

前章でもお伝えした通り、ChatGPTは「ロールプレイ」が得意です。ある役割になりきって、私たちと会話をしてくれるのです。そのため、本来なら数人で集まって行うブレーンストーミング（通称：ブレスト）も、あなたとChatGPTで行うことができてしまうのです。1人ブレストをする時のコツは、相手の役割を明確にすることと、重ねて質問してアイデアを絞っていくことです。ブレストの相手がいない時はぜひ使ってみましょう。

プロンプト

あなたはブレーンストーミングに
参加している 任意の人物 です。
あなたは今、

アイデアに求める条件 な
アイデアを出すように
求められています。
以下の条件を踏まえた上で、
アイデアを出してください。

条件を箇条書きで入力

あなたは今、 与えたい役割 の
スペシャリストです。
その立場から、上記のアイデアに
対して反対意見、または改善点を
述べてください。

» SAMPLE

あなたはブレーンストーミングに
参加している 藤田 です。
あなたは今、 個性的かつ実用的
なアイデアを出すように求められて
います。以下の条件を踏まえた上で、
アイデアを出してください。

・安眠効果のある新しい
　サプリメントのアイデアを出す
・これまでにない新しい観点
　から商品を考える
・できるだけ低価格で販売できる
　商品にする

あなたは今、
マーケティング・営業 の
スペシャリストです。その立場から、
上記のアイデアに対して反対意見、
または改善点を述べてください。

» ChatGPTの出力

藤田さん、安眠効果のある新しい
サプリメントのアイデアについて
いくつかの考慮事項があります。
以下にいくつかのアイデアとその
（以下省略）

02 斬新なアイデアを作成してもらう

アイデア出しはChatGPTの得意分野

ChatGPTは、アイデアを考えるのが得意です。出してくれたアイデアは、そのままでは使えないかもしれませんが、あなたが思いもよらなかったような視点からアイデアを考えてくれることがあるので、いい刺激にはなりますし、アイデアの叩き台としては十分使えます。しかも、ChatGPTは複数のアイデアを瞬時に出してくれるので、大量のアイデアの中に質の高いアイデアが混ざっている可能性もあります。

プロンプト

あなたはとても優秀な 与えたい役割 です。 アイデアが欲しい内容 の
アイデアを アイデアの数 個考えてください。

»SAMPLE

あなたはとても優秀な モバイルノートの設計者 です。
これまでになかった斬新なモバイルノートパソコン のアイデアを
5 個考えてください。

»ChatGPTの出力

もちろん、斬新なモバイルノートパソコンのアイデアを5つ考えます。以下はいくつかのアイデアです：

1.**折りたたみ型透明ディスプレイ**: このモバイルノートは、透明ディスプレイを採用し、必要に応じて折りたたむことができます。これにより、ユーザーはデバイスを通して外の世界を見ることができ、ディスプレイを開いて情報にアクセスすることができます。
（以下省略）

03 アイデアを たくさん出してもらう

たくさんのアイデアを出すことで質を得る

　アイデアは、大量に出すことで、結果的にその中に質のよいアイデアが混ざっているものです。そのため、ブレーンストーミングなどでは、とにかくアイデアをたくさん出すことが求められるのです。ChatGPTは、大量のアイデアを出してもらうのにとても向いています。あなたが考えたいと思っているアイデアを、まずは大量にChatGPTに考えてもらって、それを参考に磨いていけば、素晴らしいアイデアが思いつくかもしれません。

プロンプト

　アイデアが欲しい内容 のアイデアを アイデアの数 個考えてください。

»SAMPLE

 　口臭予防効果のあるマウスケア商品 のアイデアを 10 個考えてください。

»ChatGPTの出力

 口臭予防効果のあるマウスケア商品のアイデアを10個考えます：

1.**舌クレンザー付き電動歯ブラシ**：電動歯ブラシの裏に舌クレンザーが付いており、歯磨きと同時に舌の汚れや細菌を効果的に取り除くことができる。

2.**口内微生物バランスキット**：口内の微生物バランスを改善するためのキットで、プロバイオティクスとプレバイオティクスを含み、口内環境を健康に保つ。

3.**フレッシュニング口腔スプレー**：口の中にスプレーすると、口臭を瞬時に中和し、爽やかな呼吸を維持する。

（以下省略）

04 アイデアを評価してもらう

アイデアの客観的意見をもらう

アイデアを考えている時に重要なのは、「客観性」です。自分が考えているアイデアが、客観的に見てよいアイデアなのか、それほどでもないアイデアなのかがわからないと、質の低いアイデアのために時間と労力を無駄にしてしまうかもしれません。そこで、自分の考えたアイデアの長所と短所をChatGPTに評価してもらうことで、あなたの手持ちのアイデアに正しく優先順位を付けることができるようになります。

プロンプト

以下のアイデアのメリットとデメリットを教えてください。

アイデアをペースト

»SAMPLE

以下のアイデアのメリットとデメリットを教えてください。

太陽充電可能なノートパソコン。ノートパソコンのカバーには、太陽光を効率的に収集できる特殊な塗料やパネルを組み込みます。これにより、屋外での使用中にバッテリーを充電でき、エネルギー効率が向上します。

»ChatGPTの出力

太陽充電可能なノートパソコンのアイデアには、いくつかのメリットとデメリットがあります。

メリット:

1. **エネルギー効率の向上**: 太陽光を利用してバッテリーを充電できるため、電力の消耗を減らし、エネルギー効率が向上します。これにより、エコフレンドリーな選択肢となり、電力の節約が可能です。

2. **屋外での使用可能**: 太陽充電可能なノートパソコンは、屋外での使用に適（以下省略）

アイデアの改善案を出してもらう

デメリットをどう解決するかまで教えてくれる

ChatGPTは、アイデアのメリットとデメリットを指摘してくれるだけでなく、そのデメリットをどうすれば改善できるのかという「改善案」を提示してくれます。先ほどの回答を踏まえた上で、同じチャットで「そのデメリットの改善案を教えてください」といった内容のプロンプトを送れば、文脈を理解した上でアイデアの改善案を教えてくれるのです。コツは、同じチャット内での会話を続けながら質問をすることです。

プロンプト

👍 63ページで解説したプロンプトに対するChatGPTの出力の後に再質問

そのアイデアのデメリットを解決するにはどうしたらいいのか教えてください。

»SAMPLE

 そのアイデアのデメリットを解決するにはどうしたらいいのか教えてください。

»ChatGPTの出力

 先ほどの太陽充電可能なノートパソコンのデメリットを解決するために、以下の方法を検討できます:

1. **充電速度の向上**:
   - より効率的な太陽光パネルや充電技術の導入により、充電速度を向上させる。高性能の太陽光パネルやクイックチャージ技術の採用で、短時間でバッテリーを充電できるように

する。

2. **バッテリー容量の増加**:
   - 太陽充電に依存しないバッテリー容量の増加。より大容量のバッテリーを組み込み、充電の必要性を減らす。

3. **屋内での充電可能性**:
   (以下省略)

06 工程表を作ってもらう

表形式のスケジュールを作ってくれる

アイデアの種ができたら、今度はそれをプレゼンするための準備に取りかからなくてはいけませんが、そこで、重要なのが「工程表」です。準備プロセスをタスクごとに必要な期間を設けてスケジュールを組んだ表のことで、ChatGPTはこの工程表の作成も行ってくれます。コツは、こちらの状況と要望をできるだけ具体的に指示することです。何をしようとしているのか、準備期間の他、自分が調べるべきことなども指摘してもらいましょう。

プロンプト

私は プレゼンする内容 に関する プレゼンの種類など を 日数 日後に
控えています。
プレゼンの種類など に必要な準備をしたいのですが、
準備期間は 日数 日という条件の下、私に必要な工程表を作ってください。
工程表には、工程の名前、その工程にかかる期間、私がすべき内容、
私が調べるべき情報を表の形式で書いてください。

»SAMPLE

私は
太陽電池を内蔵した
ノートパソコン
に関する 社内プレゼン を 40 日
後に控えています。
プレゼン に必要な準備をしたいのですが、準備期間は 40 日という条件の下、私に必要な工程表を作ってください。工程表には、工程の名前、その工程にかかる期間、私がすべき内容、私が調べるべき情報を表の形式で書いてください。

»ChatGPTの出力

40日後のプレゼンに向けて太陽電池を内蔵したノートパソコンに関する社内プレゼンの準備を行うための工程表を以下に示します。各工程の期間と内容、調べるべき情報を考慮に入れています。この工程表は一般的な手順に基づいていますが、具体的なニーズに合わせて調整することができます。

（以下省略）

07 企業分析をしてもらう

企業の情報を教えてくれる

ChatGPTは、ある時期までにインターネット上に存在していた情報を学習していますので、その中にある企業の情報についても答えてくれます。あなたが仕事で企業の情報を収集して分析しなければならない時などに、ChatGPTの力を借りてみましょう。下のプロンプトに、あなたが情報を知りたい企業の名前を入れて投げかけてみましょう。プロンプトに指定した項目は自分で追加したり削除したりすることも可能です。

プロンプト

あなたは、優れたスキルを持った最高の企業分析アナリストです。

企業「 企業名 」の分析をしてください。

その際に以下に挙げる項目を含んだ分析内容にしてください。
・現状
・経営上の課題
・代表的な商品（市場における強み）
・ターゲット顧客

»SAMPLE

あなたは、優れたスキルを持った最高の企業分析アナリストです。

企業「 宝島社 」の分析をしてください。

その際に以下に挙げる項目を含んだ分析内容にしてください。

・現状
・経営上の課題
・代表的な商品
　（市場における強み）
・ターゲット顧客

»ChatGPTの出力

「宝島社」についての分析を提供します。ただし、情報は2021年9月までのものです。その後の情報については確認が必要です。

現状:
「宝島社」は日本を拠点とする出版社で、多くの出版物、書籍、雑誌を提供しています。企業は長い歴史と伝統を持っており、日本国内で一定の知名度を誇って（以下省略）

08 アンケート結果の分析をしてもらう

回答から見られる傾向を読み取ってもらう

ChatGPTは、長く複雑な内容の文章でも要点を瞬時にまとめることができます。そのため、選択式ではない自由記述のアンケート結果の内容も分析可能なのです。あなたが実施したアンケートをまずはChatGPTに読ませて、その内容を分析してもらい、それから自らの分析を加えれば、完璧な報告書を作ることができるかもしれません。ただし、あまりにも長い回答の場合は途中で切れることがあるので続きをリクエストしましょう。

プロンプト

以下のアンケートの結果を分析して、そこに見られる傾向、特徴、共通点などを指摘してください。性別、居住地などによる有意差が見られれば、それも指摘してください。

アンケート結果をペースト

»SAMPLE

以下のアンケートの結果を分析して、そこに見られる傾向、特徴、共通点などを指摘してください。性別、居住地などによる有意差が見られれば、それも指摘してください。

アンケート結果:
Q. 睡眠の質を改善するはちみつを使ったタブレットに興味がありますか？

「とてもある。食べてみたい」（30代女性・福岡）
「はちみつは睡眠の改善にいいらしいので興味がある」（40代男性・東京）
「眠る前に甘い物を取るのは歯によくないかが心配」（60代女性・千葉）
「はちみつは就寝前に今も取っているがタブレットならもっと楽に摂取できるので興味がある」（30代女性・神奈川）

»ChatGPTの出力

このアンケート結果から、睡眠の質を改善するはちみつを使用したタブレットに対する興味に関する傾向と特徴を指摘できます。
（以下省略）

09 事業のコンセプトを分析してもらう

ChatGPTなら複雑なコンセプトも分析可能

ChatGPTは、企業が行う事業コンセプトの分析も行えます。かなり詳細にわたる分析ができますので、分析内容を細かく指定するといいでしょう。例えば、事業コンセプトというものをどう捉えるかといったところから ChatGPTに説明をし、それを踏まえた上で、どんな項目について分析してほしいのかを指定するのです。条件の内容が、以下に記した例よりもさらに詳しいものであってもChatGPTは対応してくれます。

プロンプト

あなたは優れた
ビジネスストラテジストです。
企業名 の事業コンセプトを以下の
条件を踏まえて分析してください。
分析の条件

»SAMPLE

あなたは優れたビジネスストラテジストです。
宝島社 の事業コンセプトを以下の
条件を踏まえて分析してください。

条件:
・事業コンセプトは
　「狙うべき市場ニーズ」と
　「事業モデル」を掛け合わせたもの
　として理解する
・市場ニーズにおいては
　「どのようなセグメントに分かれ、
　今後どのような動きが予測される
　か」を含む分析にする
・事業モデルについては、
　「どの要素で、今後の顧客を惹き
　つけるか」を含む分析にする

»ChatGPTの出力

宝島社の事業コンセプトを分析する際、まず市場ニーズと事業モデルの要素を考慮します。宝島社は出版業界における出版物やメディアの提供を行う企業であり、以下の条件に基づいて分析を行います。

1. 市場ニーズの分析:
　- セグメントの特定:宝島社の事業コンセプトは、出版物やメディアを提供することから、異なるセグメントに焦点を当てる必要があります。これには書籍愛好者、雑誌読者、デジタルコンテンツ利用者などが含まれます。
　- 動向の予測:出版業界ではデジタル化が進み、電子書籍やオンラインメディアの需要が増加しています。また、特定のトピックやジャンルに対する需要が変動することも考慮すべきです。宝島社はこれらの動向に対応するために市場を監視し、需要の変化に迅速に対応できる柔軟性を持つ必要があります。

2. 事業モデルの要素の分析:
　- 顧客を惹きつける要素:宝島社は、以下の要素を考慮して顧客を惹きつける事業モデルを構築
（以下省略）

経営コンサルとして アドバイスをしてもらう

ChatGPTにコンサルタントになってもらおう

　ChatGPTは、かなり複雑で高度な質問にも答えることができます。その上、会話の文脈を理解してくれるので、さながら経営コンサルタントがするようなアドバイスをもらうことも可能なのです。自分の立場を明らかに

した上で、現在自分がビジネス上で抱えている懸案事項をコンサルタントのロールプレイをしているChatGPTにぶつけてみましょう。あなたが気づいていなかった点を洗い出してくれるかもしれません。

プロンプト

あなたは優秀な
ビジネスコンサルタントです。
私は 業種 で働く 部門や役職 です。
現在の自分の状況と懸案事項
コンサルタントとして私に
アドバイスをください。

»SAMPLE

あなたは優秀なビジネスコンサルタントです。
私は エアコン開発会社 で働く
開発担当者 です。

・日本製のエアコンを海外でも売りたいのだが、どういった問題をクリアすればよいか
・これからのエアコン市場で優位に立つためには、どのような機能が必要か

コンサルタントとして私にアドバイスをください。

»ChatGPTの出力

日本製のエアコンを海外市場で成功させるために、いくつかのアドバイスをお伝えします。また、競争の激しいエアコン市場で優位に立つために必要な機能についても提案します。

1. 品質と信頼性:
    - 日本製品の高品質と信頼性は競争力の源です。製品の耐久性、故障率の低さ、品質管理の徹底を強調しましょう。信頼性の高いエアコンは長期的な関係を築くのに役立ちます。

2. エネルギー効率:
    - エネルギー効率の高い製品は、環境に配慮し、ユーザーにコスト削減の機会を提供します。国際的なエネルギー効率規格に適合し、省エネ機能を強調しましょう。

3. 地域に合わせた設計:
    - 異なる地域や気候条件に合ったモデルを提供しましょう。地域ごとの要求に合致した製品を展開することで、市場適応性が高まります。

（以下省略）

プログラミングにも
ChatGPTが活用できる?

ChatGPTは計算があまり得意ではないということはこれまでにもお伝えしてきましたが、それでは「プログラミング」はどうなのでしょうか?

プログラミングにも、プログラミング言語と呼ばれる言語が使われていますので、「ChatGPTは文章生成AIなんだから、プログラミングもできそうだな」と思う人も少なくないでしょう。

結論から言うと、ChatGPTはプログラミングの一部ができるといったところでしょうか。ただし、人間のプログラマーと同等のことができるか?といえば、現状ではそこまでの水準には達していません。

ChatGPTにできるのは、プログラム全体を構成する一部のプログラムが書けるというレベルです。ですから、人間のプログラマーが、プログラムの全体像を理解した上で、その構造を細分化して、「このくらいならChatGPTにも書けるだろう」という一部だけを任せるといった使い方ならできるでしょう。

しかし、そのレベルのプログラミング能力しか持っていないからと言って、まったく使い道がないわけではありません。簡単なコードをたくさん書いてもらうような場面では、ChatGPTはそれなりに使えます。

例えば、「テストコード」を大量に作ってもらうなどの用途には向いているでしょう。テストコードとは、何らかのプログラムの動作確認 (不具合を見つける作業) のために使われるコードのこと。これくらいのコードなら、ChatGPTにもできるので大量にテストコードを作ってもらうというのも用途としてはアリだと思います。

また、Excelとの併用についてまとめた次章で詳しく解説していますが、ChatGPTは「 (Excelの) 数式の意味を解説する」ことができます。これと似た作業として、既存のプログラムに使われているコードをチェックして問題がないかどうか、改善すべき点があるかどうかを突き止めることなら可能なのです。

このように、現状のChatGPTは人間のプログラマーと同等の仕事ができるという水準にはないのですが、それでもChatGPTにできることを理解した上で、プログラミング作業の一部を効率化のためにChatGPTに任せてみると、思った以上の効果を上げられる可能性があります。

第5章

ChatGPTを他のアプリケーションと組み合わせる ずるい仕事術

Wordで文章を書いてほしい

Excelの関数を教えてほしい

Google Chromeの拡張機能を使いたい

Bing AIのほうが使えるかも？

01 ChatGPTとExcelを組み合わせる

計算が苦手なことを踏まえて助けてもらう

ChatGPTは文章生成AIですので、計算があまり得意ではありません。それほど複雑ではない計算でも、正解できないことがあります。そのため、ChatGPTに何かの計算をさせるのはおすすめしません。その代わりに、表計算ソフトのExcelについての知識はそれなりに持っていますので、Excelの関数などについて質問してみるのはいいでしょう。「こういう表を作る時にはどうすればいいの？」などと聞くと、教えてくれます。

ChatGPTをExcelに役立てる

ChatGPTは計算が苦手

どんな質問にもそれなりに答えてくれるChatGPTですが、計算は苦手です。単純な四則演算でも間違うことがあります。そのため、計算結果を尋ねたり、表計算ソフトの代替として使ったりするのはやめましょう。

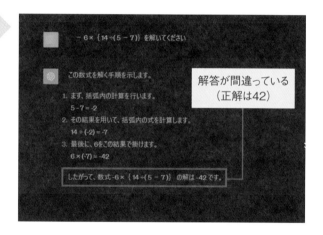

Excelの使い方を聞くのはOK

ただし、ChatGPTはExcelやWordなどのアプリケーションの使い方についての知識は持っています。Excelで操作に迷ったらChatGPTに質問すると適切な関数を教えてくれたりします。ただし、必ずしもその答えが正しいとは限らないので注意しましょう。

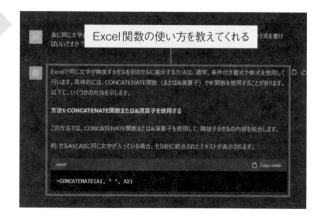

02 Excelでやりたいことの解決法を教えてもらう

ChatGPTにやりたいことを質問するだけ

それでは、ChatGPTにExcelの使い方を教えてもらいましょう。プロンプトは簡単です。「Excelで○○するにはどうすればいいか、方法を教えてください」と言えばいいだけです。また、「ExcelでA5のセルにこういう計算結果を出力してほしいのだがどうすればいいか」といったようにセルを指定して教えてもらうことも可能です。またVBAマクロが必要な複雑な方法であっても、対応してくれます。

プロンプト

Excelで、 Excelでしたいこと にはどうしたらいいか、教えてください。

»SAMPLE

Excelで、 列にランダムに入力された内容を五十音順に並べ替える にはどうしたらいいか、教えてください。

»ChatGPTの出力

Excelで列にランダムに入力された内容を五十音順に並べ替えるには、以下の手順を試してみてください。

1.データが入力された列を選択します。たとえば、データがA1からAnの列にあると仮定します。

2.データを五十音順に並べ替えるために、[データ] タブを選択します。

3.[フィルタ]セクションから、[並べ替え]アイコンをクリックします。これにより、並
（以下省略）

03 Excelの適切な関数を教えてもらう

ChatGPTはあなたのExcelの先生になる

VBAマクロは、ChatGPTから教わってもこちらにマクロについての知識がなければ適用するのが難しいものです。しかし、関数ならセルにコピー＆ペーストするだけなので、まずは関数についての知識を教えてもらいながら、Excelの使い方に徐々に習熟していくのがおすすめです。そう、ChatGPTは「Excelの先生」になりうるのです。自分の今の状況に必要な最適な関数を教えてもらいながら、Excelの使い方をマスターしましょう。

プロンプト

Excelで、 Excelでしたいこと には、どんな関数を使えばいいですか。
教えてください。

»SAMPLE

Excelで、
あるC列に入力されている「出席」の数だけカウントして、D2セルに表示する
には、どんな関数を使えばいいですか。

»ChatGPTの出力

Excelで特定の列（C列）に入力されている「出席」というテキストをカウントして、その数をD2セルに表示するには、COUNTIF関数を使用します。以下は具体的な手順です。

1.D2セルを選択します。これは出席の数を表示するセルです。

2.D2セルに以下のCOUNTIF関数を入力します：

```
=COUNTIF(C:C, "出席")
```

（以下省略）

数式の内容を教えてもらう

ChatGPTは数式についての疑問を解消してくれる

　ChatGPTは、あなたのExcelの先生になれるポテンシャルを持っています。もしExcelを使っていて、他の人が書いた関数や数式であまりにも複雑で理解できないものが出てきたとしても、ChatGPTに質問すればその関数と数式の意味を教えてくれます。下に記した例のように、どんな数式でもChatGPTはそれがどのような意図で書かれたものかを瞬時に読み解いてくれるのです。わからない数式があったら質問してみましょう。

プロンプト

Excelで使う次の数式の意味を教えてください。

意味を知りたい数式をペースト

»SAMPLE

Excelで使う次の数式の意味を教えてください。

=IF(AND(A1 > 100, B1 < 50), "条件1を満たす", IF(OR(C1 = "X", D1 = "Y"), "条件2を満たす", IF(LEN(E1) >= 10, "条件3を満たす", "どの条件も満たさない")))

»ChatGPTの出力

このExcelの数式は、条件に基づいて結果を返すための条件付き関数であり、ネストされたIF関数を使用しています。各条件と結果は次のとおりです。

1.最初のIF関数:
　- 条件: A1が100より大きく、B1が50より小さい場合

　- 結果: "条件1を満たす"

2.2番目のIF関数 (最初のIF関数の条件が満たされなかった場合):
　- 条件: C1が"X"またはD1が"Y"である場合
　- 結果: "条件2を満たす"
(以下省略)

05 ExcelにChatGPTが使えるアドインを導入する

アドインでChatGPTとさらに連携

ExcelとChatGPTとの連携という点では、ChatGPTの生みの親であるOpenAI社を買収したMicrosoftが提供している公式アドインを導入するという方法もあります。ただし、これはあくまでもExcelへの追加を検討中の

※Windows 11でMicrosoft 365を使用した場合の操作です。

新機能を試験的に使えるというもの。ここでは、ExcelにChatGPTを使えるようにすることができる、いくつかのアドインの導入の手順と、よく使う関数について解説していきたいと思います。

◆ APIを取得する

1 **OpenAIのAPI取得ページにアクセス**

Excel LabsとChatGPTを連携させるためには、ChatGPTを利用できるようになるための認証キーである「APIキー」を取得する必要がある。OpenAI社のAPI取得ページ（https://platform.openai.com/account/api-keys）にアクセスし、ログイン。

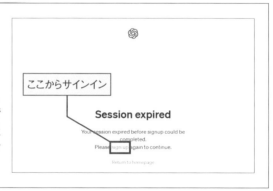

2 **APIキーをコピー**

右上のプロフィール❶から「View API keys」をクリック。API取得ページにある「Create new secret key」をクリックしたら、画面に英語のダイアログが表示される。右上の「Create secret key」ボタンをクリック❷し、画像にあるコピーボタンを押して、APIキーをコピー。

◆ Excelのアドインを導入する

<table>
<tr><td>1</td><td>アドインを挿入</td></tr>
</table>

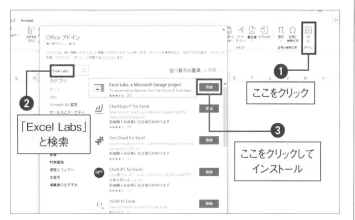

まず、Excelにアドインを導入するには、Excelの「ホーム」タブをクリックし、「アドイン」ボタンをクリック❶。「アドインを取得」をクリック。Excel Labsと検索❷し、「追加」をクリックして❸、インストール。

「Excel Labs」と検索

ここをクリック

ここをクリックしてインストール

<table>
<tr><td>2</td><td>Excel Labsを起動する</td></tr>
</table>

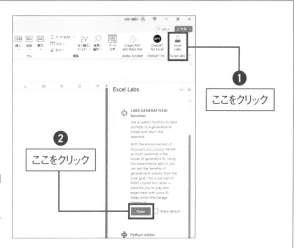

「ホーム」タブを押して、右端にある「Excel Labs」をクリック❶。すると、サイドバーが開くので、「LABS.GENERATIVEAI function」というところにある「Open」を押す❷。

ここをクリック

ここをクリック

<table>
<tr><td>3</td><td>APIキーをペーストする</td></tr>
</table>

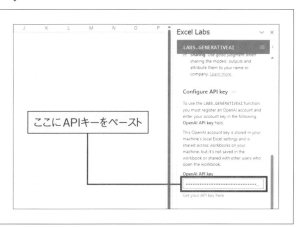

入力欄外の右下にOpenAI社のサイトでコピーしたAPIキーをペースト。「Saved」と表示されれば、ExcelアドインであるExcel Labsの導入が完了する。APIキーは漏洩してしまうと不正利用される可能性があるので厳重に保管する必要がある。

ここにAPIキーをペースト

Excel Labsを使ってみる

サイドバーの「Advanced formula environment」にある「Open」を押すとセルに書かれた内容が表示される。

Excel Labs

Grid　Names　Modules

✓　Sheet1 > A1

1　あああ

選択中のセルの
入力内容が表示される

LABS.GENERATIVEAI 関数を使う

1 関数を入力する

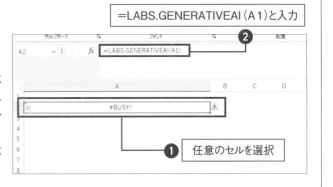

=LABS.GENERATIVEAI（A1）と入力

LABS.GENERATIVEAI 関数を、任意のセルを選択❶し、入力❷。「=LABS.GENERATIVEAI（A1）」とA1以外のセルに入力（例えばA2やB1など）すると、A1に入力した質問に対する答えが、その任意のセルに表示されるようになる。

任意のセルを選択

2 質問を入力する

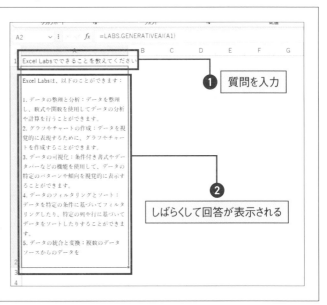

質問を入力

しばらくして回答が表示される

A1セルにChatGPTへの質問を入力してみる❶。すると、先ほどの関数を入力した任意のセルに、ChatGPTからの応答結果が表示されるようになる❷。回答が表示されるまでは「#BUSY!」と表示されるので注意。

ChatGPT for Excelを使ってみる

Excelアドインは他に「ChatGPT for Excel」というものがある。これは、Apps Do Wondersが開発したアドインで、インストールすると、現時点（2023年10月）でChatGPTの機能を利用できる関数が合計6種類扱える。こちらも利用の際にはAPIキーが必要。

ChatGPT for Excelの関数

AI.ASK	AI.LIST
1つの質問に対して1つのセルに答えを表示する関数。数式を入力することで、質問を入力したセルと別のセルにChatGPTの応答結果を表示してくれる。	AI.ASK関数と同じく質問に対する回答を表示する関数。AI.ASKとの違いは、回答が複数だった場合にその回答を個別のセルに表示する。AI.ASK関数の場合は回答が複数でもすべての回答を同じセルに表示する。

AI.FILL	AI.EXTRACT
複数セルにわたって入力されたデータからChatGPTが予測値を推定して出力する関数。関数の書式はシンプルで、「=AI.FILL（サンプルデータの範囲、予測したいデータ）」になる。	Extractという名の通り「抽出」を行う。関数の書式は「=AI.EXTRACT（テキスト、抽出してもらいたいデータ）」。テキストの中から特定の人名やメールアドレスなどを抽出する際などに使う。

AI.FORMAT	AI.TRANSLATE
ChatGPTに出力してもらうテキストを特定のフォーマットに則って出力させる関数。例えば、47都道府県は?という質問と、「それをコンマで区切って表示する」というフォーマットに則って表示してもらう時に使う。	「翻訳」してもらう関数。任意のセル内に書かれたテキストを別のセルで指定した言語に翻訳できる。関数の書式は「=AI.TRANSLATE（翻訳してほしいテキスト、翻訳する言語）」。

◆ AI.ASK関数の使い方

1 関数を入力する

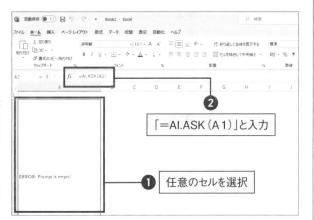

AI.ASK関数は、ChatGPTの回答を指定した
セルに表示してもらう関数。まず、質問を入力
したいセルを決める❶。仮にA1セルに質問
を入力するなら、それ以外のセル（A2など）
などに次の関数を入力。「＝AI.ASK（A1）」
❷。これで、A1に入力した質問が関数を入力
したセルに表示されるようになる。

「＝AI.ASK（A1）」と入力

❶ 任意のセルを選択

2 関数を入力する

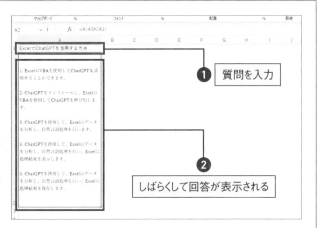

A1セルに質問を入力❶。すると、関数を入
力したA2セルにChatGPTからの応答結果
が表示される❷。応答結果が複数で、個別
に表示したい場合は、AI.LIST関数を使うと
関数を入力した列に複数の答えが表示される
ようになる。

❶ 質問を入力

❷ しばらくして回答が表示される

◆ AI.FILL関数の使い方

1 データの準備

AI.FILL関数は、入力されているデータから
ChatGPTが予測値を予測して出力する関
数。AI.FILL関数には、第1引数と第2引数
が必要。図のように、Excelの関数を整理す
る表を作成し、その横の列に機能と関数の
数式を表示したい場合、数行を入力すれば、
ChatGPTがそれ以降のセルの内容を予測し
てくれるようになる。

表の情報を一部埋めておく

2　関数の入力

第1引数はChatGPTに学習させたいデータ、第2引数は予測させたいデータ。関数名と機能・関数の数式がすでに入力されている範囲を第1引数として、＝AI.FILL（A2:C4）という関数の予測値を出力したいセルに入力したら、関数名だけが入力されているが機能・関数の書式が入力されていない範囲を第2引数として、その続きの部分に＝AI.FILL（A2:C4,A5:C10）と入力❶。すると、ChatGPTが予測値を自動で出力してくれる❷。

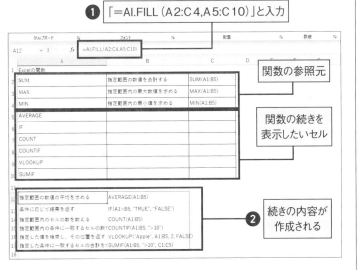

❶「＝AI.FILL（A2:C4,A5:C10）」と入力

関数の参照元

関数の続きを表示したいセル

❷ 続きの内容が作成される

◆ AI.TRANSLATE関数の使い方

1　翻訳元テキストの準備

翻訳してもらいたいテキストを用意したら、A1セルに入力。B1セルに翻訳先の言語を書く。日本語のテキストを英語に翻訳してもらいたい場合は「英語」。第1引数がテキスト、第2引数が翻訳先の言語になる。

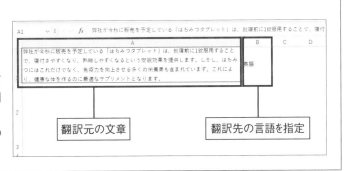

翻訳元の文章

翻訳先の言語を指定

2　関数の入力

＝AI.TRANSLATE（A1,B1）と括弧内の第1引数と第2引数をコンマで区切る形で書いた数式を、翻訳内容を出力したいセルに入力❶。ChatGPTが翻訳した文章が自動で表示されるようになる❷。

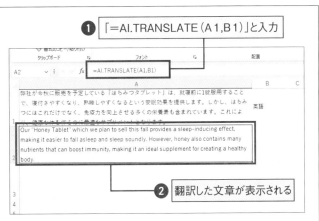

❶「＝AI.TRANSLATE（A1,B1）」と入力

❷ 翻訳した文章が表示される

WordにChatGPTが使えるアドインを導入する

ChatGPTの回答をWordに直接出力できる！

ChatGPTはWordとも連携させることができます。WordにChatGPTのアドインを導入すると、例えば、ChatGPTの回答をWordに出力させることができるので、応答結果をいちいち別途コピー＆ペーストする

必要がなくなります。もちろん、WordからChatGPTへ直接プロンプトを送ることもできます。

ここでは、Wordのアドイン「Ghostwriter」の使い方を見ていきましょう。

※Windows 11でMicrosoft 365を使用した場合の操作です。

---

1 アドインを挿入

Wordの「ホーム」タブを押して、「アドイン」という項目をクリックする。右下にある「アドインを取得」をクリック。

---

2 Ghostwriterを追加

「Ghostwriter」と検索

「Office アドイン」の画面左上に検索欄があるので、「Ghostwriter」を検索❶し、「追加」ボタンを押す❷。

ここをクリックしてインストール

3 Ghostwriterを無料体験

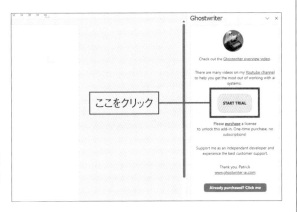

ここをクリック

Ghostwriterのインストールを続行するかどうか聞かれるので「START TRIAL」を押すことで5回に限り無料で試用できる。

4 プロンプトを入力

プロンプトを入力

文体

口調

文章の長さ

Ghostwriterが起動したら、右側のウィンドウにある「Write about」という欄にプロンプトを入力。その下には、文体を指定する「Style」、文章の口調を変える「Tone」、文章の長さを指定する「Length」などのプルダウンメニューがある。

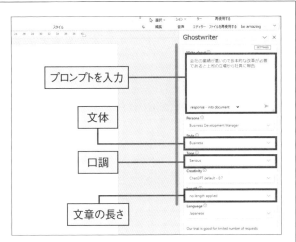

5 ChatGPTから回答が返ってくる

文章が生成される

ここをクリック ❶

プロンプトを入力したあとに、紙飛行機のアイコンをクリック❶すると質問が送信され、ChatGPTからの回答がWordのメイン画面に出力される。

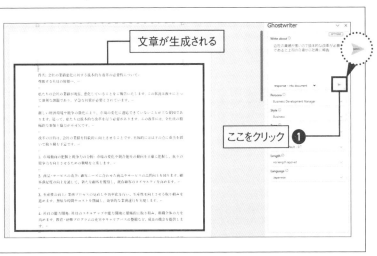

Google Chromeの拡張機能を導入する

Google Chromeをもっと便利にする

ChatGPTは検索エンジンのGoogleやGoogleが提供しているインターネットブラウザであるChromeとも連携させることができます。こうした他のアプリと連携させるための機能を、Chromeの場合は「拡張機能」と呼びます。ChatGPTとGoogleを連携させる代表的な拡張機能は「ChatGPT for Google」です。この機能を使うと、Chromeで検索を行うと同時にChatGPTからの回答もChromeに表示されるようになります。

⬢ ChatGPTを使えるおすすめのGoogle Chromeアドイン

ChatGPT for Google	AIPRM for ChatGPT
Googleで何らかの情報を検索する際に、その検索結果に加えてChatGPTに質問した際の回答結果も同時に表示できる拡張機能。ChatGPTへの質問をGoogleの画面からできるので、ChatGPTのサイトを開く手間が省ける。	事前に用意されたプロンプトのひな形を豊富にそなえており、ChatGPTをブログやコンテンツ作成に利用できるようにしてくれる。2000種類を超えるプロンプトがあり、さまざまなニーズに合った文章を作ることが可能。
WebChatGPT	**Superpower ChatGPT**
2021年9月までのインターネット上に存在していた情報しか学習していないChatGPTの弱点を補うための拡張機能。ChatGPTの回答結果に、検索エンジンの検索結果を表示してくれる。	有志が提供しているさまざまなプロンプトを利用することができ、また回答結果が良好だった過去のプロンプトを管理・保存できる。これによってChatGPTによる作業を効率化することが可能。
ChatGPT Writer	**Talk To ChatGPT**
Googleが提供しているGmailのメール作成画面でChatGPTに自動でメールの文面を作成してもらうことができる。自分が書きたいメールの概要を書くだけでメールの作成が可能。	ChatGPTと音声会話ができる拡張機能。ChatGPTと擬似的に音声による会話を楽しむことができる。音声会話なので、マイクなどの音声入力装置を用意する必要がある。

◆ ChatGPT for Googleを使ってみる

1　Chromeウェブストアにアクセスする

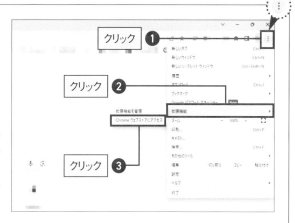

ChatGPT for GoogleをChromeの拡張機能として
インストールする。Chromeの拡張機能は、ブラ
ウザの右上にある「︙」をクリック❶。「拡張機能」
を押して❷「Chromeウェブストアにアクセス」をク
リック❸し、左側のバーで検索。

2　Googleで検索する

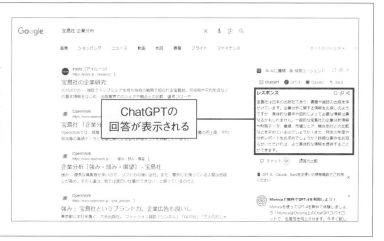

ChatGPT for Googleのページ
が表示されたら「Chromeに追
加」をクリック。インストールできた
ら、Googleの検索画面へ。検
索入力欄で検索したいキーワー
ドを検索すると、画面の右側に
ChatGPTに同じキーワードを質
問した場合の回答結果が表示さ
れる。

ChatGPTの
回答が表示される

3　プロンプトを送信する

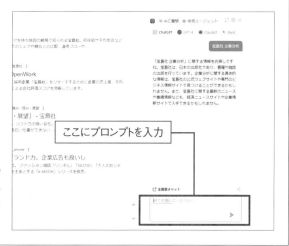

ここにプロンプトを入力

プロンプトを送信したい場合は、その回答結果の
下部にある「チャット」というボタンを押す。チャット
入力欄が表示されるので、そこにプロンプトを入力
して再度質問する。

◆ ChatGPT Writerの使い方

1 ChatGPT Writerをインストール

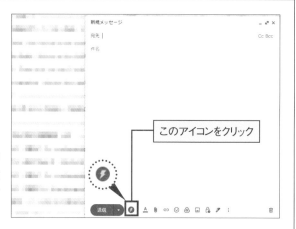

このアイコンをクリック

ChatGPT for Googleの時と同様の手順で
ChatGPT Writerをインストールしたら、Gmail
の画面へ。メール作成画面を開くとChatGPT
Writerのアイコンが表示されるので、それをクリック。

2 メールを作成

メールの概要を入力

備考があれば入力

ChatGPT Writerの画面が表示され
る。「Email context」という入力欄
に、メールの概要を入力する。
「Briefly enter what do you want
to email」という欄には、その他の
要望を入力。

3 日本語の精度は今ひとつ

文章が表示される

ChatGPT Writerは英文メールなら得意
だが、日本語のメールはまだ得意ではない。
「Briefly enter what do you want to
email」の欄に「日本語で丁寧な文面に
してほしい」などの要望を書くと精度が上
がる。

◆ Talk To ChatGPTの使い方

1 Talk To ChatGPTをインストール

ChatGPT for Googleの時と同様の手順でTalk To ChatGPTをインストールしたら、ChatGPTのサイトへ。画面の下の方にマイクアイコンに「English（US）」と書かれたボタン、スピーカーのアイコンなどが追加されている。

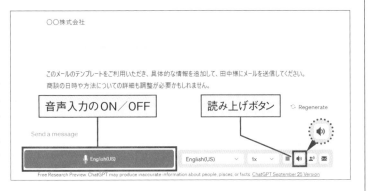

2 音声入力をする

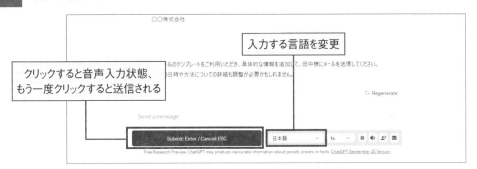

マイクアイコンに「English（US）」と書かれたボタン横の「English（US）」を「日本語」に変更すると、マイクアイコンの部分も「日本語」に変わる。ボタンをクリックし、音声入力。入力が終わったらもう一度クリック。

3 回答の音声読み上げ

ChatGPTの回答を音声で読み上げるようになる。人のアイコンで音声の切り替えが可能。音声読み上げを止めたい場合は四角のアイコンをクリック。

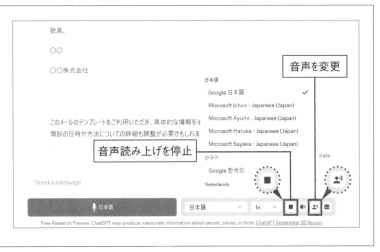

Bing AIに質問してみる

ChatGPTにできないこともできる

Microsoftの検索エンジン「Bing」にもChatGPTと同じくGPTを組み込んだAIチャットサービス「Bing AI」が組み込まれています。Bing AIはChatGPT plusが採用しているGPT-4を採用しているので精度が高く、情報を検索しながら回答しているので、最新の情報にも対応しています。

また、「Bing AI」には回答スタイルが3パターン設定されているほか、画像を使った質問や音声入力もできます。

---

1 Bingのホームページ（https://www.bing.com/）にアクセスし、右上の「ログイン」からサインイン。その後、左上の「チャット」をクリック。

---

2 Bing AIが表示される。回答スタイルは、長い回答が必要な場合は「より創造的に」、簡潔な回答の場合は「より厳密に」どちらでもない場合は「よりバランスよく」を選びます。質問ボックスに質問を入力し、紙飛行機マークをクリック。

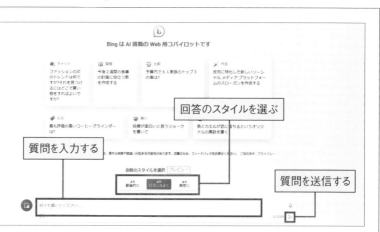

3

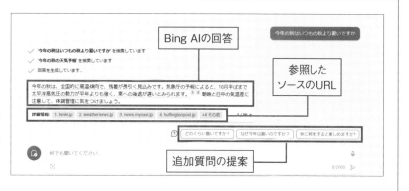

質問に対する回答が徐々に表示され、「詳細情報」として参照したソースのURLが表示される。また、追加質問の提案も表示される。

Bing AIの特徴

画像を使って質問できる

質問ボックスの左下にある画像アイコンをクリックすると、「画像を追加」というウィンドウが開きます。「画像またはリンクの貼り付け」「このデバイスからアップロード」「写真を撮影する」が選択でき、画像が追加されたら、それに合わせた質問を書いて送信しましょう。

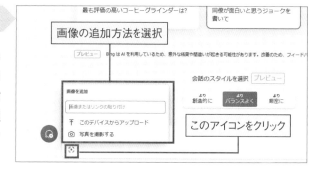

音声で質問できる

質問ボックスにあるマイクアイコンをクリックすると、「聞いています・・・」というメッセージが表示されます。マイクに向かって質問すると、回答を音声で読み上げてくれます。

1回あたりのチャット回数に制限がある

Bing AIは誰でも無料で利用できますが、チャット回数には制限があり、それはユーザーの環境によって変わります。MicrosoftアカウントでサインインしてEdgeブラウザを使用した場合、チャット回数は30回までですが、Google Chromeの場合は、同じMicrosoftアカウントでサインインしてもチャット回数は5回までになります。

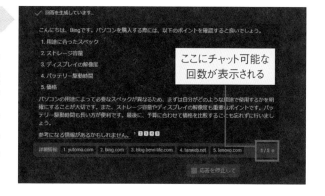

Microsoft 365 Copilot
って何？

Microsoftは、OpenAIがChatGPTをリリースして以来、同社に多額の出費を行い、自社のサービスにAIを導入して新たなサービスとして提供し続けています。

Microsoftは、まず、2023年1月に同社のプラットフォームであるMicrosoft AzureでChatGPTなどの大規模言語モデルをベースにした生成AIを利用できるようにした「Azure OpenAI Service」をリリース。ただし、これは一般ユーザーのためというよりは、開発者向けのサービスでした。続いて、2023年5月には、本書の88ページでも解説しているBing AIを一般に向けて発表。Microsoftの検索エンジンであるBingとGPT-4（ChatGPTの有料版で使われている大規模言語モデル）とを組み合わせたAIで、ChatGPTの無料版よりも高機能を誇っているため、どんどん知名度が上がってきています。ただし、ChatGPTは1つのチャットの中で無制限にプロンプトを送信して対話を行えるのに対して、Bing AIは1つのチャットの中で20回までという回数制限が設けられているという特徴があります。

また、Microsoftは2023年3月に、Microsoft 365 Copilotを発表しました。

これは、Microsoftが提供しているワープロソフトであるWordや表計算ソフトのExcelなどとAIを連携させるサービスで、これをきっかけにビジネスシーンにどんどんAIが浸透していくのではないかと考えられています。

Microsoft 365 Copilotは、WordとExcel以外にも、Teams、PowerPoint、Outlookなどの、いわゆるOfficeアプリケーション全体にAIを組み込んで業務の効率化を図ろうとするツールです。例えば、Wordではプロンプトを入力すると、最初のドラフト（草稿）がAIによって提供されるので、これまでゼロから行っていた執筆・編集がかなり効率化されることになります。

Excelでも、入力されたデータから読み取れるトレンドなどの分析をAIが瞬時に視覚化してくれるようになりますし、PowerPointではもちろんプレゼンテーション資料の作成をAIが手伝ってくれます。Microsoft 365 CopilotにはOpenAIの画像生成AIツールであるDALL-E 2も統合されるため、PowerPointとAIの共同作業によりアプリ上で新しい画像生成を依頼することが可能になります。

第6章

ChatGPTを
副業にも活かす
ずるい仕事術

01 クラウドソーシングで稼ぐ方法

クラウドソーシングなら初心者でも参入しやすい

クラウドソーシングとは、インターネットを通じて企業などのクライアントが不特定多数に向けて仕事を依頼するサービスです。自分のスキルに合わせて仕事を受けることができ、受注や報酬、案件によっては成果物の納品までオンラインで済ませることが可能です。成果物が納品できれば、作業環境や作業時間を問わないので副業に最適ですが、比較的単価が安く、受注数によって収入も不安定になりやすいのが難点です。

メリット・デメリット

- 好きな場所や時間で仕事ができる
- 自分のスキルに合わせて仕事が選べる
- 実績によってクライアントから直接仕事をもらえることもある

- インターネット上でのやり取りなので、意思疎通が難しい場合もある
- 単価の低い案件が多い
- 報酬から手数料が引かれる

代表的なサービス

ランサーズ ▶ https://www.lancers.jp/l

日本最大級のクラウドソーシングサービスサイト。取り扱っている仕事カテゴリは350種類以上。

クラウドワークス ▶ https://crowdworks.jp/

国内クラウドソーシングサービスサイトの中で唯一東京マザーズに上場している。取り扱っている仕事カテゴリは250種類以上。

ココナラ ▶ https://coconala.com/

「知識・スキル・経験」を売り買いできるクラウドソーシングサービス。取り扱っている仕事カテゴリは450種類以上。

シュフティ ▶ https://app.shufti.jp/

主婦向けの在宅ワーク案件を多数取り扱うクラウドソーシングサービス。初心者でも受注しやすい案件が多い。

クラウドソーシングの主な案件

体験談

商品やサービス、旅行などの体験を記事にする案件。クラウドソーシングサービスで募集のある案件の中でも案件数が充実している。応募資格に「実際に体験していること」が挙げられているケースがほとんどなので、必ず確認してから受注したほうがよい。

文章のリライト

文章の書き換えや書き直し作業を行う案件。Web記事などは更新が簡単なので、最新の情報を反映したり、検索順位を向上させたりする目的で随時リライトが行われる。単価が安いことが多いが、作業は比較的簡単。

セールスコピー

セールスコピーを作成する案件。セールスコピーとは、それを読んだ顧客が購入などのアクションを起こすように促す宣伝用の文章のこと。クラウドソーシングサービスではメルマガの購読や販売サイトのLP（ランディングページ）のセールスコピーを作成する案件が多い。利益に直結するので、単価は高め。

YouTubeの台本

YouTubeに投稿する動画の台本を作成する案件。ここ数年で目立つようになった案件で、主に解説動画やインターネット掲示板のまとめ動画などの台本の募集が多い。単価は比較的安いが、登場人物が多い場合や有名YouTuberの動画などは報酬が高額に設定されていることもある。

体験談を書いてもらう

案件数が多い体験談から始める

クラウドソーシングで稼ぐなら、まずは「体験談」をChatGPTで作成する仕事がおすすめ。案件数が充実しており、商品やサービスなどの感想は多くの人にとって書きやすいコンテンツだからです。とはいえ、「自分が実際に体験していないこと」を書くのは多くのケースでNGとされているので気をつけましょう。ここでは、実際にChatGPTを使って、どのように体験談を効率的に作成してもらえばいいのかを見ていきます。

プロンプト

以下の情報を参考にして、商品の使用体験談レビューを ⌈文字数⌋ 文字以内で書いてください。

⌈体験談を書くための情報⌋

»SAMPLE

 以下の情報を参考にして、商品の使用体験談レビューを ⌈500⌋ 文字以内で書いてください。

> 以下の情報を参考にして、商品の使用体験談レビューを500文字以内で書いてください。
>
> 私の情報:
> ・40代男性
> ・会社員（商品企画部）
> ・パソコン歴は20年近い
>
> 使用した商品の情報:
> ・商品名はモバイルノート「○○BOOK　AW-05」
> ・メーカーは○○社（中国）
> ・購入価格は17万5500円～

・購入場所はメーカー直販サイト

購入の動機と使用目的:
・本体重量が1kgを切っていること
・RAMの容量が16GB以上あるノートパソコンの中では比較的安価だったこと
・タッチパネル対応だったこと
・使用目的は、仕事における資料作成
・ふだんの動画視聴、テキスト作成等

使用後の感想
・重量がかなり軽く、持ち運びしやすい
・画面が16：10で縦に長いので資料が見やすい
・CPUはミッドレンジだが、メモリが16GB、SSDは512GBなのでサクサク動く
・タッチパネルの感度もいいが、会社で人に資料を見せる時に2in1のほうが便利
　だったかなと思う
・しかし、2in1だと必然的に重くなるというデメリットがあるので、これで満足し
　ている

注意点:
・この機種に対応しているのぞき見防止フィルターがあまり売っておらず、自分でカッ
　トする必要がある

»ChatGPTの出力

私は40代の会社員で、商品企画部で働いています。パソコン歴は20年近いです。最近、モバイルノート「○○BOOK AW-05」を購入しました。このモバイルノートは中国の○○社製で、価格は17万5500円からで、メーカー直販サイトで購入しました。

このノートパソコンを選んだ理由は、まず本体重量が1kg未満であること、RAMの容量が16GB以上で比較的安価だったこと、そしてタッチパネル対応だったことです。主な使用目的は仕事での資料作成と普段の動画視聴、テキスト作成です。

使用してみての感想ですが、本体の軽さが素晴らしい点です。持ち運びが楽で、通勤や出張時に非常に便利です。また、画面のアスペクト比が16：10で縦に長いため、資料の閲覧や作成が非常に快適です。CPUはミッドレンジですが、16GBのメモリと512GBのSSDが搭載されているため、処理速度は非常に良好です。

一方で、タッチパネルの感度は良いものの、仕事で他の人に資料を見せる際に2in1のノートパソコンの方が便利かもしれません。しかし、2in1ノートパソコンは通常重たくなりがちで、このモバイルノートの軽さには助かります。

一つの注意点として、この機種に対応するのぞき見防止フィルターがあまり市販されていないため、自分でカットする必要があります。（以下省略）

リライトをしてもらう

文章の書き換え案を提案してもらおう

クラウドソーシングの案件には、文章の「リライト」というものもあります。リライトとは、Web記事などの文章を「書き換え」て別の文章にする仕事のこと。クライアントからの指示を盛り込んだ上で書き換えを行います。やり方としては、元の文章をChatGPTに提示して書き換えを頼むだけですが、ChatGPTにプロンプトを送る際には、どの程度まで元の文章から書き換えてもらうかという「程度」を指定したほうがいいでしょう。

プロンプト

👉 文章の言い回しだけを変えてもらいたい場合のプロンプト

以下の文章の要旨をそのままに、別の文章に書き換えてください。

書き換えたい文章をペースト

»SAMPLE

以下の文章の要旨をそのままに、別の文章に書き換えてください。

ChatGPTをはじめとする生成AIの登場は、私たち人類にどんな影響を与えるのでしょうか。多くの人が、AIによって仕事を奪われるのではないかということを懸念しています。確かに、短期的にはAIが人間がそれまでしていた仕事の一部を代わりに行うケースは増えるでしょうが、長期的にはAIのおかげで人類はもっと別のクリエイティブ、かつ人間にしかできないような新たな職業を創造するのではないかと考えます。

»ChatGPTの出力

ChatGPTを含む生成AIの登場が、人類にどのような影響をもたらすのかについて検討されています。多くの人が、AIが仕事を奪う可能性を懸念しています。確かに、AIは一部の仕事を代替することがあるかもしれませんが、長期的にはAI（以下省略）

プロンプト

👉 文章の構成を大きく変えてもらいたい場合のプロンプト

以下の文章の要旨をそのままに、段落、文の順序など構成を大幅に変えて別の文章に書き換えてください。

書き換えたい文章をペースト

»SAMPLE

以下の文章の要旨をそのままに、段落、文の順序など構成を大幅に変えて別の文章に書き換えてください。

ChatGPTをはじめとする生成AIの登場は、私たち人類にどんな影響を与えるのでしょうか。多くの人が、AIによって仕事を奪われるのではないかということを懸念しています。確かに、短期的にはAIが人間がそれまでしていた仕事の一部を代わりに行うケースは増えるでしょうが、長期的にはAIのおかげで人類はもっと別のクリエイティブ、かつ人間にしかできないような新たな職業を創造するのではないかと考えます。

»ChatGPTの出力

ChatGPTや他の生成AIの普及が、人類にどのような影響をもたらすのかについて広く議論されています。AIによる仕事の自動化に対する不安も存在します。確かに、短期的にはAIが人間の職務の一部を代替する可能性が高まりますが、長期的な視点で考えれば、AIの登場によって新たなクリエイティブな職業が生まれることが期待されています。

この新しい技術の導入により、一部の仕事は自動化されるでしょう。しかし、人間の専門知識、創造性、感情的なインテリジェンスは、AIでは模倣できない要素です。このため、AIがルーチンなタスクを担当し、人間がより価値ある仕事に集中できるような環境が整備される可能性があります。

人間の創造力や人間らしいコミュニケーション能力は、新たな職業や産業の創出につながるでしょう。AI技術は、医療、教育、エンターテインメントなど、さまざまな分野で新たな機会を生み出す可能性があります。例えば、AIを活用した医療診断やカスタマーサポート、AIと人間のコラボレーションによるクリエイティブプロジェクトなどが挙げられます。

要するに、AIの普及は一時的には一部の仕事の変化をもたらすかもし（以下省略）

ブログの広告収入で稼ぐ方法

ChatGPTにブログ運営を手伝ってもらおう

ブログ記事の中に広告を設置すれば、広告収入を稼ぐことができます。いわゆる「アフィリエイト（成果報酬型広告)」です。ブロガーは、ASPと呼ばれるアフィリエイト事業者と契約をして設置したい広告を選び、読者がその広告の商品やサービスの購入や申込を行うと、広告主の企業からASPに対し広告費が支払われ、ASPからブロガーに成果報酬が支払われる仕組みです。このブログも、ChatGPTに手伝ってもらって作成することが可能です。

ブログで稼ぐメリット

- ●ブログは時間や場所に縛られることなくどこでも運営できる
- ●読者数が増えれば、継続的に収入が見込める
- ●ChatGPTに記事作成を手伝ってもらえる
- ●サーバー代、ドメイン代などコストが比較的安く済む

アフィリエイトの仕組み

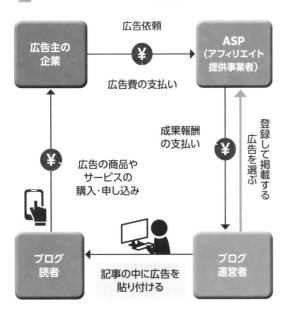

ブログを運営する時の手順

1. ブログのスタイルやテーマを決める
2. ブログのシステムを決める
3. ブログのサーバーを契約する
4. ブログのドメインを取得する
5. ブログのデザインを設定する
6. ブログの記事を作成して投稿する
7. ASPと契約して広告を選ぶ
8. 記事に広告を設置する

トレンド型と専門特化型がある

ブログには、大きく2つの種類があります。流行の話題を取り上げる「トレンド型」と、特定のジャンルに専門化した「特化型」です。それぞれにメリットとデメリットがあるので、自分に合っているのはどちらか、よく考えましょう。

トレンド型	特化型
読者層が幅広く、収益化が早い。流行の移り変わりが早いため、ブログの運営もかなりのスピード感が求められ、コアなファンはつきにくい。	読者層が幅狭く、収益化が遅い。流行に左右されない専門的なジャンルについてのブログなので、固定客がつきやすい反面、集客力が低い。

無料ブログよりWordPress

ブログでアフィリエイト収入を稼ぎたい人は、無料ブログを利用するよりも、WordPressと有料サーバーを組み合わせた本格的なブログを始めるのがおすすめです。なぜなら、Abemaブログなどの無料ブログでは、外部アフィリエイトを設置できず、さまざまな制約があるからです。

無料ブログ	WordPresss
無料のため初心者でも始めやすい。制約が多く（アフィリエイトに非対応、独自ドメインが使えないなど）、収入は伸びにくい。突然サービスが終了したり、記事が削除されたりすることも。	ブログやサイトの構築・監理を行うためのシステム（CMS）。自由にアフィリエイト広告を設置可能で、独自ドメインも使えるため、SEO（検索エンジン最適化）対策も可能。

※SEO…Search Engine Optimization の略で「検索エンジン最適化」を意味する

YMYLのジャンルは避ける

ブログを運営するなら、YMYLのジャンルは避けましょう。YMYLとは、「Your Money or Your Life」の頭文字で、医療・投資・公共サービス・人権など「専門家以外が語っても信憑性が低いジャンル」のことを指します。こういったジャンルのブログは、仮に書いたとしてもSEOで上位に表示されにくいという特徴があるため、初心者にはおすすめしません。

項目	内容
金融・投資	代表的なYMYLで、金融サービスの専門家が書いていないと、非常に信憑性が低くなるため、素人が書いても読者が増えにくい。
健康・医療	健康などに関する知識・情報は、素人が誤った内容を拡散すると命に関わる恐れがある。
防犯・防災	医療関係の情報と同じく、リアルタイムで起きている災害などに関する情報を素人がブログで発信すると問題になることがある。
法律・公的サービス	法律が関わる問題や、公的年金制度、また選挙制度などに関わる問題を専門家以外が発信すると読者を混乱させ、不利益を生じさせる恐れがある。
教育・雇用	人の一生に多大な影響を与えてしまう可能性があるものであることから、高い専門性を持った人による発信が求められる分野。

05 ブログのテーマとタイトルを考えてもらう

キーワードから最適なテーマを選んでくれる

さて、いよいよブログの記事をChatGPTの力を借りて作成してみましょう。まずは、ブログのテーマとタイトルをChatGPTに決めてもらいます。ブログでアフィリエイト収入を得たいなら、テーマ選びはきわめて重要です。まず、ChatGPTに購読対象としたい層によく検索されているキーワードを教えてもらい、そのキーワードを元にChatGPTにブログのテーマをいくつか提案してもらうのです。

プロンプト

[購読対象としたい層] がよく検索しているキーワードを元にブログ記事を
作成したいのですが、SEOで上位に来るような内容にしたいと考えています。
[購読対象としたい層] がよく検索しているキーワードを [キーワードの数] 個
挙げてから、この目的を達成するために最適な記事のテーマと
それに合うタイトルを [テーマの数] 個考えてください。

»SAMPLE

[日本のビジネスマン] がよく
検索しているキーワードを元に
ブログ記事を作成したいのですが、
SEOで上位に来るような内容に
したいと考えています。
[日本のビジネスマン] がよく
検索しているキーワードを
[10] 個挙げてから、この目的を
達成するために最適な記事の
テーマとそれに合うタイトルを
[10] 個考えてください。

»ChatGPTの出力

以下は、日本のビジネスマンがよく検索しているであろうキーワードのリストです。これらのキーワードを元に、SEOで上位に来る可能性の高い記事のテーマとタイトルを提案します。ただし、キーワードの人気度や競争状況は頻繁に変わるため、実際のキーワード調査と競合分析を行うことをお勧めします。

（以下省略）

06 ブログの構成案を 考えてもらう

特定のキーワードを盛り込んだタイトルが作れる

ブログのテーマとタイトルが決まったら、次は「構成案」をChatGPTに考えてもらいましょう。テーマとタイトルを伝え、記事のタイトルと見出しを作成してくれるよう頼むのです。その時、SEOで上位に入りやすい

キーワードを盛り込むように気をつけてください。

タイトルの文字数はGoogleでの検索結果で全体が見えるように表示させるためには30字以内にとどめるのが無難です。

プロンプト

「 ブログのテーマ 」というテーマでブログ記事を書くにあたり、
以下の条件を踏まえて記事のタイトルと見出しを作ってください。

ブログ記事を書くための条件

»SAMPLE

「 Webライターにおすすめの
モバイルノートの条件とは？ 」
というテーマでブログ記事を書くにあたり、以下の条件を踏まえて記事のタイトルと見出しを作ってください。

・見出しは4つまで
・SEOキーワード
「モバイルノートおすすめ」
が含まれる内容にする

»ChatGPTの出力

もちろん、以下の条件を踏まえて「Webライターにおすすめのモバイルノートの条件とは？」というテーマのブログ記事のタイトルと見出しを提案いたします。

タイトル:
1. **「Webライター必見！モバイルノートおすすめ条件と選び方ガイド」**

（以下省略）

07 ブログの記事を書いてもらう

記事の内容もChatGPTにお任せ

　見出しを作ってもらったら、次は見出しごとの構成を考えてもらい、その次にいよいよブログ記事の本文を書いてもらいます。前項の出力内容をチャットに残したまま、プロンプトを送信して構成案を出力してもらったら、そのあとでさらに本文を書くプロンプトを送るのです。字数の指定をしても構いませんが、ChatGPTは字数を必ずしも守るとは限らないので、指定した通りにならない場合は自分で調節するようにしましょう。

プロンプト

👉 101ページで解説したプロンプトに対するChatGPTの出力の後に再質問

以上の内容で、見出しごとに構成案を書いてください。
その際、本文の最初に「はじめに」と本文の終わりに「まとめ」を置く構成にしてください。
そして、その構成案に従ってブログ記事本文を書いてください。

»SAMPLE

以上の内容で、見出しごとに構成案を書いてください。
その際、本文の最初に「はじめに」と本文の終わりに「まとめ」を置く構成にしてください。
そして、その構成案に従ってブログ記事本文を書いてください。

»ChatGPTの出力

以下は、指定された見出しと構成に基づいたブログ記事の構成案と本文です。記事は「Webライターにおすすめのモバイルノートの条件」に焦点を当てています。

構成案:

1. **はじめに**
2. **モバイルノートの選び方:Webライターにとって不可欠な
（以下省略）

記事を整えてもらう

記事の仕上げもChatGPTにお願いする

ChatGPTは、これまでにも解説した通り、文章の調子（文体）を変えることができます。子どもにもわかりやすいような文体や、学術書のような真面目な文体、若者に語りかけるようなカジュアルな文体など、さまざまな文体に変えることができます。

ブログ記事本文を書いてもらったら、必要に応じて、その文体をブログに合った文体に変えてもらいましょう。文体が整ったら、ブログ記事の完成です。

プロンプト

👉 102ページで解説したプロンプトに対するChatGPTの出力の後に再質問

上記のブログ記事の文体を 文体など ものに変えてください。その際に以下の条件を守ってください。

条件を整える際の条件

»SAMPLE

上記のブログ記事の文体を

若い女性にとって
好感度が高い

ものに変えてください。その際に以下の条件を守ってください。

・記事の内容は変えないでください
・見出しも文体に応じて変えてください

»ChatGPTの出力

指定された条件に合わせて、若い女性にとって好感度が高い文体でブログ記事を書き直しました。見出しも文体に合わせて変更しました。

記事タイトル:
"Ｗｅｂライター向けキュートモバイルノート：おすすめ条件とおしゃれなモデル"

（以下省略）

まだまだある！ ChatGPTを活用した稼ぎ方

ChatGPTがリリースされてからというもの、現在も世界中の多くの人々がChatGPTの新たな使い方を模索しています。本書で取り上げた用途以外にも色々な使い方があり、それをビジネスに利用してお金を稼いでいる人が続々と現れています。

例えば、ChatGPTで電子書籍を作って販売するという稼ぎ方が知られるようになりました。ChatGPTは文章生成AIなので、作ろうと思えば本を丸ごと一冊書くことができます。

そのため、文章を書くのが苦手な人でもChatGPTの力を借りれば電子書籍を作って、AmazonのKindleで販売することができてしまうのです。

電子書籍は、紙の書籍に比べて経費が安く抑えられ、かつ収入となる印税の割合も大きくなるというメリットがあります。ただし、個人で出版する電子書籍は、出版社による宣伝が行われないため、出版したはいいものの全く売れないというケースも多くあります。

ChatGPTを使って本を作る過程は、以下の通りです。まず、本のテーマを出してもらい、そこから章立てを作ってもらいます。そして、章やもっと小さなパートに細分化して、本の内容を書いてもらいます。書いてもらった文章に調整を加えたいなら、その都度プロンプトを出して調整してもらいます。こうすることで、自分で文章を書かなくてもChatGPTに電子書籍を丸々一冊書いてもらうことが可能です。

ただし、これはChatGPTがインターネット上の情報を学習して生成している文章であるため、出版してしまうと盗作になってしまうリスクが指摘されています。それだけでなく、「ChatGPTに作らせた本はどれも内容が退屈だ」という批判もあります。

また、YouTubeでChatGPTを使う人々も出てきました。ChatGPTは、台本を作成することができるため、YouTubeで動画を投稿している人が台本の作成にChatGPTを利用するようになったのです。台本をChatGPTに作ってもらえば動画製作はかなり効率化できます。

またChatGPTは、YouTubeの動画の内容を要約することもできます。特にZ世代などの若い人たちはタイムパフォーマンスを意識する傾向にあるので、ChatGPTに動画を要約してもらったテキストを読んで動画の内容を理解したいというニーズがあるようです。

第7章

仕事にすぐ使える厳選プロンプト300選

ビジネスシーンですぐに役立つ厳選プロンプトを一挙公開

厳選プロンプト300

ChatGPTは幅広い質問に対応する優れたツールですが、正確な情報を得るためには適切なプロンプトが不可欠です。ここでは、ビジネスの多彩な場面に対応するための300以上のプロンプトのフォーマットを提供しています。これにより、ChatGPTを効果的に利用し、ビジネス上の課題に対処し、戦略的な洞察を得るのに役立つでしょう。正確な情報やアドバイスを素早く受け取るために、このプロンプトのコレクションを活用し、ビジネスの成功に向けて一歩前進しましょう。

本書のプロンプトを簡単にパソコンに読み込もう

本書のプロンプトをいちいちパソコンに文字入力していては大変でしょう。スマホを使って、本書のプロンプトを使って読み込み、簡単にパソコンにコピー＆ペーストしましょう。

1 「Google」アプリを取得

文字の読み込みには「Google」アプリを利用します（Androidスマホは初期導入済み）。iPhone／iPadではApp Storeから「Google」アプリをインストールしましょう。

2 「Google」アプリのカメラを起動

「Google」アプリを起動します。パソコンと同じGoogleアカウントでログインし、画面右上のカメラアイコンをタップします。

3 プロンプトを撮影

下のメニューから「テキスト」（Androidでは「文字認識」）をタップします。次にコピーしたいプロンプトを画面に入れてシャッターアイコンをタップして、プロンプトを撮影します。

4

テキストをコピー

画像のプロンプトの部分をタップすると、青いピンが表示されます。ドラッグしてプロンプト全体を選択したら、画面の下にある「パソコンにコピー」をタップします（スマホでChatGPTを利用する場合は通常のコピーをします）。

5

パソコンに
テキストを送付

「パソコンにコピー」の下に表示されるパソコンの中から、送付先を選んでタップします。

6

ChatGPTの
入力欄にペースト

送付されたプロンプトはパソコンのクリップボードにコピーされます。ChatGPTのウェブサイトを開いて入力欄にペーストし、プロンプトを送付すれば、ChatGPTが答えてくれます。

スマホで
ChatGPTを利用

あらかじめインストールしたChatGPTアプリを開いてプロンプトをメッセージ入力欄にペーストして送信マークをタップして終了です。

ChatGPTアプリ
二次元コード

スマホでChat GPTを利用する場合は、下のQRコードを読み込んでインストールしましょう。

ChatGPT

作者:OpenAI
価格:無料（アプリ内課金あり）

iOS

Android

社外メール

※[　　　]内を入力して実行ください

テーマ	プロンプト
読んでもらえるメールの件名を作成する	あなたはトップ成績の営業担当者です。営業メールで相手が興味を持つための、短くてインパクトのある件名を作成してください。
FOMOを取り入れた件名を作成する	あなたはトップ成績の営業担当者です。[会社名]の[製品/サービス]を紹介するメールを作成します。FOMO（取り残される恐怖）を取り入れた件名を提案してください。[製品/サービス]の内容:[テキスト]
顧客にふさわしい商品を紹介する	あなたはトップ成績の営業担当者です。[顧客ターゲット]宛ての初回アプローチメールで、[会社名]の最も人気のある製品を紹介してください。
商品の優位性をアピールする	あなたはトップ成績の営業担当者です。[顧客ターゲット]宛ての初回アプローチメールで、[会社名]の[製品/サービス]が業界で一番優れている理由を説明してください。
返信を促すメールを作成する	あなたはトップ成績の営業担当者です。営業メールで相手の返信を促すためのメールを作成してください。
アポイントを取る	あなたはトップ成績の営業担当者です。営業メールで、相手のアポイントメントを取る効果的なメールを作成してください。
クイズ形式で商品をアピールする	あなたはトップ成績の営業担当者です。[顧客ターゲット]に[会社名]の[製品/サービス]を購入するよう説得します。クイズの要素を含む質問を入れてメールを作成してください。
担当者の名前を伝える	あなたはトップ成績の営業担当者です。新規顧客が強い関心を抱く、あなたの連絡先を案内するメールを作成してください。
商品購入者に感謝を伝える	あなたはトップ成績の営業担当者です。[会社名]の[製品/サービス]を購入した顧客に感謝の気持ちを伝えるためのメールの文面を考えてください。
遅刻を伝える	あなたはトップ成績の営業担当者です。アポイントメントの時間に[数]分程度遅れることをクライアントに伝えるメールを作成してください。遅刻の理由は[テキスト]です。
商品の購入を促す	あなたはトップ成績の営業担当者です。[製品/サービス]を購入するタイミングを逃さないように、顧客に訴えるメール文章を作成してください。
CTAを促す	あなたはトップ成績の営業担当者です。[会社名]の[製品/サービス]について[顧客ターゲット]にアクションを起こさせるための、強力なCTAの営業メールを作成してください。
商品に興味を持っている顧客に返信する	あなたはトップ成績の営業担当者です。[会社名]の[製品/サービス]に関心がある顧客からのメールに対して、情報提供を行う返信の書き方を教えてください。
顧客の感情を分析する	あなたはトップ成績の営業担当者です。次のメールを送ってきた顧客の感情を「喜び」「信頼」「関心」「不安」「悲しみ」「怒り」「不信感」のいずれかの気持ちで類推してください。メール:[テキスト]
顧客からの疑問に答える	商品やサービスに関する顧客からの疑問に対し、迅速かつ丁寧に対応する方法を教えてください。顧客からの疑問:[テキスト]
クレームに対して謝罪する	次の顧客からのクレームに対して、適切に謝罪するメールを作成してください。顧客からのクレーム:[テキスト]
クレームに対して謝罪せずに返信をする	次の顧客からのクレームに対して、プロフェッショナルかつ丁寧な返信メールを作成してください。ただし、メール文面で謝罪はしないでください。顧客からのクレーム:[テキスト]
不満を持つ顧客対応を聞く	[会社名]の[製品/サービス]に不満を持つ顧客からのメールに対して、丁寧に対応するメールを作成してください。顧客からのメール:[テキスト]

告知メール

※[　]内を入力して実行ください

テーマ	プロンプト
新サービスを告知する	あなたは[会社名]のカスタマー担当者です。[製品/サービス]に[新機能]が追加されました。[新機能]を強調するメールを作成してください。
期間限定セールを告知する	あなたは[会社名]のカスタマー担当者です。[製品/サービス]の期間限定セールが開催されます。[対象者]にとって魅力的な[割引]、[特典]を提供します。緊急性や希少性を感じさせる販売メールを作成してください。
限定イベントに招待する	あなたはトップ成績の営業担当者です。[顧客ターゲット]のみが参加できる限定イベントが開催されます。希少性を感じさせるメールを作成してください。
メールマガジン購読者への告知	[会社名]のメールマガジン購読者に、次の最新のキャンペーンや割引情報を伝えるメールを作成してください。キャンペーン内容:[テキスト]、割引情報:[テキスト]
サービス登録者へ感謝を伝える	あなたは[会社名]のマーケターです。ユーザーが[サービス]に登録した後に送る、歓迎のSMSメッセージを作成してください。
クーポンコードのSMSを作成する	[会社名]の[製品/サービス]の購入者に感謝の気持ちを伝え、次回購入時のクーポンコードを提供するSMSメッセージを作成してください。文字数は70字以内です。
キャンセル待ちの空きのお知らせする	キャンセル待ちの顧客に、空きができたことをお知らせするSMSメッセージを作成してください。文字数は70字以内です。

社内メール・自己紹介

※[　]内を入力して実行ください

テーマ	プロンプト
チームメンバーの関係を改善する	あなたは営業課の課長です。営業課では人間関係が悪化しています。人間関係を解決するための営業メンバー宛のメールを作成してください。
プロジェクトのスピードアップを促す	あなたはプロジェクトリーダーです。プロジェクトメンバーに迅速に行動するように要求する電子メールを送信してください。
上司にプロジェクトの質問をする	あなたはプロジェクトメンバーの一員です。プロジェクトリーダーに次のプロジェクトの進行についてメールします。リーダーから明確かつ簡潔な答えが出るように質問してください。プロジェクトの内容:[テキスト]
失敗をフォローしてくれた上司に謝意を伝える	あなたは会社員です。あなたの次の失敗に対してフォローをしてくれたリーダーに感謝の意を伝えるメールを作成してください。失敗の内容:[テキスト]
新入社員が挨拶メールを送る	あなたは礼儀正しい新入社員です。新しい会社に入社した際に、部署のメンバーに向けた挨拶メールを親しみやすいトーンで作成してください。入社日は[数]月[数]日です。過去のキャリア:[テキスト]
新入社員が自己紹介する	あなたはまだ社会人経験のない新入社員です。上司やチームメンバーのサポートを必要としています。あなたの経験をもとに、会社内での良好な人間関係を築くための自己紹介をしてください。あなたの経験:[テキスト]
初対面の上司に自己紹介する	あなたは優秀な社員です。初めて会う上司との関係を築くために簡潔に自己紹介してください。自分の過去の経験エピソードに基づいたストーリー形式で自己紹介してください。文字数は[数]字以内です。自分の過去の経験エピソード:[テキスト]
異動前の挨拶メールを作成する	あなたは礼儀正しい[部署]のメンバーです。[数]月[数]日に[異動先]に異動することになりました。異動する前の部署のメンバーに親しみやすいトーンで挨拶メールを作成してください。メールでは感謝の気持ちを伝えてください。
上司からの誘いを断る	あなたは礼儀正しい部下です。上司から飲み会を誘われました。次の理由を踏まえて、お断りのメールを作成してください。メールでは相手への敬意とお誘いへの心残りを伝えてください。理由:[テキスト]

上司に謝罪をする	あなたは礼儀正しい部下です。上司に対して次の過失について謝罪をするメールを作成してください。メールでは相手への誠心誠意の謝罪と反省の気持ちを伝えてください。過失と理由:[テキスト]
部下に業務改善の指摘をする	あなたは心優しい上司です。部下に対して、次の指導内容について行動を改善するように指摘をしてください。文面は部下が前向きになれるような言葉で伝えてください。指導内容:[テキスト]
部下を叱るメールを作成する	あなたは心優しい上司です。あなたはリーダーとして部下に問題を正しく認識させ、問題を解消する必要があります。具体的な表現を含めて、部下に強く反省を促すメールを作成してください。問題内容:[テキスト]
落ち込む部下を励ます	あなたは心優しい上司です。次のような状況の部下のために応援や慰めのメッセージを伝えてください。状況:[テキスト]

提案書の作成

※[　　]内を入力して実行ください

テーマ	プロンプト
新サービスを告知する	簡潔で説得力がある提案書の構成とフォーマットを効果的に設計する方法を教えてください。
提案書のフォーマットを作成する	簡潔で説得力がある提案書を作成します。A4サイズ用紙1枚におさまる提案書のフォーマットを作成してください。
顧客満足度を上げる	[顧客ターゲット]が抱える[課題]に対処するための提案書を作成してください。提案書は[フォーマル/カジュアル]で作成してください。提供する製品/サービスは以下の通りです:[製品/サービス一覧]
プロジェクトを提案する(社外)	[提案先]にプロジェクトを提案するための提案書を作成してください。提案書には、プロジェクトの主要な成果物とスケジュール、プロジェクトが[提案先]のニーズに合致するようにする方法を列挙し、簡潔で説得力のある提案書を作成してください。プロジェクトの内容:[テキスト]
プロジェクトを提案する(社内)	あなたは[会社名]のプロジェクトマネージャーです。今すぐ次のプロジェクトを行わないことによる否定的な結果をすべて挙げてください。プロジェクト内容:[テキスト]
デジタルマーケティングを提案する	[会社名]向けのデジタルマーケティング提案書を作成してください。ターゲットオーディエンス、戦略、予算、実施スケジュールを含めてください。
広告キャンペーンを提案する	[会社名]の[製品/サービス]のための広告キャンペーン提案書を作成してください。ターゲットオーディエンス、広告戦略、予算、実施スケジュールを含めてください。
研修プログラムを提案する	あなたは[会社名]の教育担当者です。新規プロジェクト向けの研修プログラム提案書を作成してください。研修内容、期間、費用、参加者の選定基準を含めてください。新規プロジェクトの内容:[テキスト]
人事戦略の提案書を作成する	あなたは厳しい目を持った人事担当者です。[会社名]向けの人事戦略提案書を作成してください。採用、教育、評価、労働環境改善の取り組みを含めてください。
新製品の開発提案書を作成する	あなたは斬新なアイデアを持った商品開発者です。[会社名]のための新しい[製品/サービス]の開発提案書を作成してください。製品コンセプト、市場分析、開発スケジュール、販売戦略を含めてください。
ブランド戦略提案書を作成する	あなたはブランディング担当者です。[会社名]向けのブランド戦略提案書を作成してください。ブランドのビジョン、目標、ポジショニング、ターゲット顧客を含めてください。
CSR活動提案書を作成する	[会社名]のためのCSR活動提案書を作成してください。活動内容、目的、実施計画、予算を含めてください。
デジタルマーケティングの提案書を作成する	あなたはマーケターです。[会社名]の[製品/サービス]のデジタルマーケティング提案書を作成してください。予算は[予算額]円です。ターゲットオーディエンス、戦略、実施スケジュールを含めてください。

プレゼンテーション／会議

※[　　]内を入力して実行ください

テーマ	プロンプト
プレゼンテーションのポイントを教えてもらう	あなたは優秀なプレゼンターです。[顧客ターゲット]に[製品／サービス]を試してみたいと思わせる、魅力的なプレゼンテーションのポイントを教えてください。
プレゼンテーションの台本を作成する	あなたは優秀なプレゼンターです。あなたは100人の[顧客ターゲット]の前で[会社名]の[製品／サービス]をプレゼンテーションします。[製品／サービス]を試してみたいと思わせる、魅力的なプレゼンテーションをしてください。[製品／サービス]の内容:[テキスト]
特定人物の語り口調の台本を作成する	あなたは[モデル人物]です。[会社名]の[製品／サービス]が購入されるような営業プレゼンテーションのトークスクリプト台本を日本語で考えてください。
スライド構成案を作成する	初心者向けに[テーマ]というプレゼンテーションをする際のスライド資料の構成を提案してください。各スライドで視聴者を飽きさせないためのポイントを加えてください。所要時間は20分です。各スライドの所要時間も教えてください。
スライドの原稿を作成する	次の提案内容について、スライドごとに書くべきことを教えてください。パワーポイントにそのままコピー&ペーストできるように文字を出力してください。スライドは[数]枚です。提案内容:[テキスト]
スライドのデザインを作成する	[顧客ターゲット]が強い関心を抱く次のスライドのデザインイメージを文章で出力してください。スライド1:[テキスト]、スライド2:[テキスト]、スライド3:[テキスト]、スライド4:[テキスト]
有意義な会議にするためのポイント	あなたはこれから会議をします。[製品またはサービス]について説得力のある議論を展開するポイントを答えてください。
問題点の洗い出し	次の商談内容から改善点を[数]個抽出してください。商談内容:[テキスト]
会議のスケジュール調整をする	営業部内の会議を今週中に開きます。営業部員のスケジュールを調整するメール文案を書いてください。社内メールなので簡素にしてください。会議の時間は1時間です。候補日時は[数]月[数]日[数]時[数]分、[数]月[数]日[数]時[数]分、[数]月[数]日[数]時[数]分です。希望の日時を相手に聞いてください。
会議の告知メールを作成する	次の会議情報に基づいて、会議案内の件名とメール文章を作成してください。会議情報:[テキスト]
議事録を作成する	[会議テーマ]についての会議の書き起こしテキストを要約して、議事録を作成してください。決定事項やアクションプランを明確にしてください。書き起こしテキスト:[テキスト]
文字起こしを最適化する	あなたはプロのライターです。次の文字起こしから不要な文字を取り除いて整えてください。不要な文字:「あ」「ああ」「えー」「あの」などの言いよどみ。文字起こし:[テキスト]
ブレスト会議をChatGPTに行わせる	あなたは次のテーマに関するブレーンストーミングを行い、[数]個のアイデアを出力してください。架空の商品名、技術、地名、言葉、人名、団体名は使用しないでください。テーマ:[テキスト]
人格を与えてブレスト会議をさせる	[テーマ]について、新商品のアイデアを出すブレーンストーミングを以下の3人の登場人物が5回実行します。登場人物A:革新的なアイデアを出す人、登場人物B:主観的な意見を出す人、登場人物C:客観的な意見を出す人

経営・事業計画

※[　　]内を入力して実行ください

テーマ	プロンプト
経営課題を解決する	あなたは優秀な経営コンサルタントです。[会社名]が抱えている次の課題について、対応すべき一連のシナリオを考えてください。課題:[テキスト]

法律相談をする	あなたは私の法律顧問です。次の相談内容について、法的状況について説明し、その対処方法についてアドバイスを提供してください。アドバイスだけを返信してください。説明を書かないでください。相談内容:[テキスト]
投資継続を促すポイントを聞く	あなたは[会社名]の最高経営責任者です。次のマーケティングキャンペーンをもとに、[製品/サービス]への投資を継続するように投資家を説得してください。行動を起こさないことによる潜在的な損失、当社の商品がどのように彼らの投資を回収するのに役立つかを強調してください。マーケティングキャンペーンの内容:[テキスト]
SWOT分析をする	あなたは優秀な経営コンサルタントです。[会社名]の競合分析を行い、強み・弱み・機会・脅威(SWOT分析)を明らかにしてください。
OKRフレームワークで目標リストを作成する	あなたは優秀なコンサルタントです。次の経営計画についてOKRフレームワークを使用して、具体的で測定可能・達成可能な目標のリストを作成してください。経営計画:[テキスト]
ビジョンをSMART目標に変換する	あなたは優秀なコンサルタントです。次のビジョンをSMART目標に変換してください。最も重要な成果物とデリバリーを含めてください。ビジョン:[テキスト]
リスクヘッジをする	あなたは優秀なコンサルタントです。次のプロジェクトにおけるリスク管理計画を作成してください。リスクの特定、評価、対策の策定を含めてください。プロジェクトの内容:[テキスト]
マーケティング戦略を策定する	あなたは優秀なコンサルタントです。[会社名]のためのマーケティング戦略計画を作成してください。ターゲット市場、製品ポジショニング、販売チャネル、プロモーション戦略を含めてください。
競合他社と差別化を図る	あなたは優秀なコンサルタントです。[業種]のビジネスにおいて[会社名]が競合他社から差別化されるためのポイントを[数]個教えてください。
ビジョンを策定する	あなたは優秀なコンサルタントです。[企業名]の企業の目的と方向性を示すビジョンステートメントを作成してください。
販売計画を策定する	あなたは優秀なコンサルタントです。[会社名]の販売計画を作成してください。[製品/サービス]を[顧客ターゲット]に販売し、売上[目標額]円を達成したいと考えています。
業界の変化に対する戦略を策定する	あなたは優秀な経営コンサルタントです。近年の[業界]の変化に対応するために、[会社名]はどのような戦略を採用すべきですか?
最優先課題を洗い出す	あなたは優秀な経営コンサルタントです。[業界]で競争力を維持するために、[会社名]が取り組むべき最優先課題は何ですか?
AARRRモデルでマーケティングする	あなたは優秀なマーケターです。[会社名]の[製品/サービス]の顧客と売上を増やすための方法をAARRRモデルに従って作成してください。[製品/サービス]の内容:[テキスト]
オズボーンのチェックリストを用いて新規事業を聞く	あなたは営業担当者です。オズボーンのチェックリストを使って、[会社名]の新規事業のアイデアを[数]個挙げてください。

市場分析

※[　　　]内を入力して実行ください

テーマ	プロンプト
新興市場を調べる	あなたは[会社名]のマーケターです。[業界]向けの新興市場や注目すべきセグメントは何ですか?
ニッチ市場を調べる	あなたは優秀なエコノミストです。利益が期待できる新規ビジネスのためのニッチ市場を[数]個挙げてください。
顧客ターゲットを洗い出す	あなたは[会社名]のマーケターです。[製品/サービス]を提供する上で、最も適したターゲット層を[数]個挙げてください。[製品/サービス]の内容:[テキスト]

ブルーオーシャンを探す	あなたは優秀なエコノミストです。2023年において、まだ開拓されていない新規ビジネス向けのニッチ市場を教えてください。
業界の変化を予想する	あなたは優秀なエコノミストです。今後5年間で[業界]に最も大きな影響を与えると予想される技術を教えてください。
業界のイノベーションを聞く	あなたは優秀なエコノミストです。現在、[業界]において急速に進化しているトップ3のイノベーションを教えてください。
業界の新たなソリューションを聞く	あなたは優秀なエコノミストです。顧客ニーズに応えるために、[業界]の企業が開発すべき新しい技術やソリューションを教えてください。
環境への取り組みによる影響を聞く	あなたは優秀なエコノミストです。[業界]において、サステナビリティや環境への取り組みがビジネスに与える影響を教えてください。
デジタルトランスフォーメーションについて聞く	あなたは優秀なエコノミストです。[業界]でのデジタルトランスフォーメーションの進展により、どのような新しいビジネスモデルが生まれていますか？

商品開発

※[　　　]内を入力して実行ください

テーマ	プロンプト
新たなサービスのアイデアを聞く	あなたは優秀なエコノミストです。[業界]の企業が[顧客ターゲット]に提供できる革新的なサービスを教えてください。
2つのものを組み合わせて新たなアイデアを生む	あなたは斬新なアイデアを持つ製品開発者です。[業界]向けの商品を開発します。以下の2つの条件を考慮して新たな商品アイデアを[数]個考えてください。条件1:[テキスト]、条件2:[テキスト]
商品開発のアイデアを聞く	あなたは斬新なアイデアを持つ製品開発者です。[業界]向けのイノベーティブな商品アイデアを[数]個提案してください。
エコフレンドリーな商品アイデアを聞く	あなたは斬新なアイデアを持つ製品開発者です。[業種]向けのエコフレンドリーな商品アイデアを[数]個提案してください。
コスト削減の商品アイデアを聞く	あなたは斬新なアイデアを持つ製品開発者です。コスト削減を重視した[業種]向けの商品アイデアを[数]個考えてください。
差別化できる商品アイデアを聞く	あなたは斬新なアイデアを持つ製品開発者です。[業種]において競合他社と差別化できる商品アイデアを[数]個提案してください。
今後のトレンドに合わせた商品アイデアを聞く	あなたは斬新なアイデアを持つ製品開発者です。[業種]で需要が見込まれる今後のトレンドに基づく商品アイデアを[数]個挙げてください。
アイデアを別の視点で考える	あなたは斬新なアイデアを持つ製品開発者です。次の[製品/サービス]アイデアと逆のアイデアを考え、その逆のアイデアがもたらす結果を探してみてください。[製品/サービス]のアイデア:[テキスト]
アイデアを異なる世代向けにカスタマイズする	あなたは斬新なアイデアを持つ製品開発者です。次の[製品/サービス]のアイデアを異なる世代[若者、中年、高齢者]向けに合わせてカスタマイズしてみてください。[製品/サービス]のアイデア:[テキスト]
比喩を用いたアイデアにカスタマイズする	あなたは斬新なアイデアを持つ製品開発者です。次の[製品/サービス]のアイデアをメタファーや比喩を使用してカスタマイズしてください。製品/サービスアイデア:[テキスト]
アイデアに異なる業界の視点を加える	あなたは斬新なアイデアを持つ[業界]の製品開発者です。次の[会社名]の[製品/サービス]に異なる業界や文化からアイデアを取り入れてみてください。[製品/サービス]のアイデア:[テキスト]
異なる五感からアイデアをカスタマイズする	あなたは斬新なアイデアを持つ製品開発者です。次の[製品/サービス]のアイデアを[視覚、聴覚、触覚、味覚、嗅覚]からアプローチしてみてください。[製品/サービス]のアイデア:[テキスト]

アイデアの未来を検証する	あなたは斬新なアイデアを持つ製品開発者です。次の[製品/サービス]を未来の予測に基づいて評価してみてください。[製品/サービス]のアイデア:[テキスト]
アイデアを倫理的に検証する	あなたは斬新なアイデアを持つ製品開発者です。次の[製品/サービス]のアイデアを倫理的なジレンマや道徳的問題に関連付けてみて、倫理的な判断を評価してみてください。[製品/サービス]のアイデア:[テキスト]
商品開発の方向性を決める	あなたは[製品/サービス]の開発者です。他社の[製品/サービス]と差別化するための方法を「地域性」「クオリティ」「広告」の3つの観点から、それぞれ[数]個挙げてください。
製品をデザインする	あなたは優秀なプロダクトデザイナーです。[顧客ターゲット]向けの[製品]のデザインを考えてください。[製品]の内容:[テキスト]
ビジネスアイデアを分析する	あなたは優秀なコンサルタントです。次のビジネスアイデアの背後にある問題は何ですか?このビジネスアイデアはどのように競合他社と差別化されますか?ビジネスアイデア:[テキスト]
業界をリードする要素を聞く	あなたは優秀なコンサルタントです。[業種]の企業が業界内でリーダーシップを発揮するために重要な要素を教えてください。

自社製品の分析

※[　　]内を入力して実行ください

テーマ	プロンプト
アピールポイントを調べる	あなたは[会社名]の営業担当者です。[製品/サービス]の購入を検討している[顧客ターゲット]に対して、[製品/サービス]のアピールポイントを[数]個挙げてください。
顧客が得られるメリットを洗い出す	あなたはビジネス紙の記者です。[会社名]の「製品/サービス」が解決できる課題を[数]個挙げ、それぞれの解決方法を説明してください。
顧客が得られる節約効果を調べる	あなたはプロのマーケターです。[製品/サービス]の導入によって、[顧客ターゲット]が得られる具体的な時間や労力の節約効果を教えてください。
競合他社と比較する	あなたはプロのマーケターです。[会社名]の[製品/サービス]と競合商品との違いを明確にするため、価格や品質、機能面での比較を行ってください。
競合他社のデメリットの洗い出し	あなたは[業界]のコンサルタントです。次の[他社の製品/サービス]を[顧客ターゲット]が購入しないように、[他社の製品/サービス]を分析しデメリットを挙げてください。[他社の製品/サービス]の内容:[テキスト]
自社商品の短所を調べる	あなたは優秀な商品開発者です。[会社名]の[製品/サービス]の短所を[数]個挙げ、その理由と改善点を詳しく説明してください。
購入者が抱える不満の原因を特定する	[会社名]の[製品/サービス]の購入者が抱く以下の不満・問題の根本的な原因を「なぜなに分析」を用いて、突き止めてください。不満・問題:[テキスト]
商品の重要ポイントを洗い出す	あなたはビジネス紙の記者です。[会社名]に[製品/サービス]について[数]個の質問をしてください。
セールスの際の論点を洗い出す	[会社名]が[製品/サービス]を[顧客ターゲット]に販売する際に、考えなければいけない論点を[数]個挙げてください。

キャッチコピーの作成

※[　　]内を入力して実行ください

テーマ	プロンプト
文字数に合わせたキャッチコピーを作成する	あなたはコピーライターです。[会社名]の[製品/サービス]のタイトルを[数]文字で[数]個作成してください。[製品/サービス]の内容:[テキスト]

特定の感情を表現するキャッチコピーを作成する	あなたはコピーライターです。[会社名]の[製品/サービス]について、[感情]を表現する[数]文字のタイトルを[数]個作成してください。[製品/サービス]の内容:[テキスト]
メリットを強調したキャッチコピーを作成する	あなたはコピーライターです。[会社名]の[製品/サービス]の[主要な利点]を伝える[数]文字のタイトルを[数]個作成してください。[製品/サービス]の内容:[テキスト]
会社の目標を強調したキャッチコピーを作成する	あなたはコピーライターです。[会社名]の[目標]を達成した後の[数]字のタイトルを[数]個作成してください。目標の具体的な内容:[テキスト]
状況からキャッチコピーを作成する	あなたはコピーライターです。次の状況を表す[数]字のタイトルを[数]個作成してください。状況の説明:[テキスト]
テーマからキャッチコピーを作成する	あなたはコピーライターです。次のテーマに基づく[数]字のタイトルを[数]個作成してください。テーマの内容:[テキスト]
キャラクターからキャッチコピーを作成する	あなたはコピーライターです。次のキャラクターについての[数]字のタイトルを[数]個作成してください。キャラクターの特徴:[テキスト]
ジャンルからキャッチコピーを作成する	[ジャンル]に沿った[数]字のタイトルを[数]個作成してください。

商品コピーの作成

※[　　　]内を入力して実行ください

テーマ	プロンプト
コピーの書き方を聞く	短くてインパクトのある商品説明を書く方法を教えてください。
商品説明のためのアイデアを聞く	[会社名]の[製品/サービス]についての商品説明文を作成します。競合他社に対して差別化された商品説明を作成するためのアイデアを[数]個教えてください。[製品/サービス]の内容:[テキスト]
訴求力のある商品説明文を作成する	あなたは[会社名]の営業担当者です。[製品/サービス]の説明で絶対に含めるべき重要な情報を加えた紹介文を作成してください。
短時間で訴求する商品説明文の書き方を聞く	[製品/サービス]について、60秒以内に[顧客ターゲット]の注意を引くインパクトのある商品説明を作成する方法を教えてください。
商品の解説文を作成する	あなたは優秀な営業担当者です。[会社名]の[製品/サービス]の使い方や機能を簡単に理解できる説明文を作成してください。説明文は、わかりやすい言葉や表現を用いてください。字数は[数]字以内です。[製品/サービス]の内容:[テキスト]
ストーリー仕立てで商品をPRする	あなたは優秀な営業担当者です。[会社名]の[製品/サービス]を[顧客ターゲット]にアピールするために、ストーリーを使った説明をしてください。[製品/サービス]の内容:[テキスト]
商品のキャッチコピーを作成する	あなたは優秀なコピーライターです。[会社名]の[製品/サービス]の利点を宣伝するキャッチコピーを[数]個作成してください。[製品/サービス]の内容:[テキスト]
キャッチコピー作成のポイントを聞く	あなたは優秀なコピーライターです。ターゲットオーディエンスにアクセスしやすいように、文章を簡素化する方法を教えてください。
コピーの改善方法を聞く	あなたは優秀なコピーライターです。現状のコピーの具体的な部分にフィードバックを提供し、改善方法を提案してください。現状のコピー:[テキスト]
顧客に合わせたコピーに修正する	あなたは優秀なコピーライターです。現状のコピーを[顧客ターゲット]の悩みや願望にフォーカスして書き直してください。現状のコピー:[テキスト]
顧客の共感を引き出す	あなたは優秀なコピーライターです。[会社名]の[製品/サービス]の次のコピーに、[顧客ターゲット]の共感を引き出すストーリーを追加してください。コピーの内容:[テキスト]

コピーをシンプルなものに修正する	あなたは優秀なコピーライターです。現状のコピーを、よりシンプルでわかりやすいものに改善してください。コピーの内容:[テキスト]
AIDAに従ってコピーを修正する	あなたは優秀なコピーライターです。現状のテキストをAIDAの法則に従って書き直してください。現状のコピー:[テキスト]
PASTORに従ってコピーを修正する	あなたは優秀なコピーライターです。現状のコピーをPASTORフォーミュラに従って書き直してください。現状のコピー:[テキスト]
ストーリー仕立てにコピーを修正する	あなたは優秀なコピーライターです。現状のコピーをストーリーテリングの手法を用いて書き直してください。現状のコピー:[テキスト]
データを加えて説得力を高める	あなたは優秀なコピーライターです。現状のテキストをより具体的な事例やデータを用いて説得力を高めてください。現状のコピー:[テキスト]
利用者の意見を加えたコピーを作成する	あなたは優秀なコピーライターです。[会社名]の[製品/サービス]の利用経験をもとに、具体的な[数]個の利益が得られる理由を説明する記事を書いてください。
グラフ作成のためのデータを取得する	[会社名]の[製品/サービス]の使用方法やヒントを伝えるためのインフォグラフィックを作成するための情報やデータをリストアップしてください。
利用者が得た利益を加えたコピーを書く	[会社名]の[製品/サービス]の使用前後でどのような変化があったかを説明する記事を書いてください。具体的な利益を[数]個挙げてください。

セールストーク

※[　　　]内を入力して実行ください

テーマ	プロンプト
相手が興味を抱く自己紹介をする	あなたはトップ成績の営業担当者です。あなたは初対面の営業先担当者に自己紹介をします。プロフィールを元に[顧客ターゲット]が関心を抱く自己紹介スピーチをしてください。自己紹介ではジョークなどで相手の興味を刺激してください。プロフィール:[テキスト]
雑談のネタを用意する	あなたはトークが得意な営業担当者です。商談相手と会議室で雑談をしなくてはいけません。ビジネスに関係がないニュース記事を参考にして、雑談のネタを合計で[数]個、考えてください
効果的なセールストークを作成する	あなたはトップ成績の営業担当者です。私に[製品/サービス]を売り込んでください。ただし、あなたが売り込もうとしているものを実際よりも価値があるように見せて、私にそれを購入するように説得してください。[製品/サービス]の内容:[テキスト]
特徴を強調したトークを作成する	あなたはトップ成績の営業担当者です。私に[会社名]の[製品/サービス]を売り込んでください。あなたは簡潔に最も強調すべき特徴を説明して、私にそれを購入するように説得してください。[製品/サービス]の内容:[テキスト]
顧客ファーストのトークを作成する	あなたはトップ成績の営業担当者です。私に[会社名]の[製品/サービス]を売り込んでください。なぜこの商品が私にとって必要か、または価値があるかを含め、私にそれを購入するように説得してください。[製品/サービス]の内容:[テキスト]
他社商品と比較したトークを作成する	あなたはトップ成績の営業担当者です。私に[会社名]の[製品/サービス]を売り込んでください。他の競合商品や代替商品と比較して、この商品やサービスの優れた点を強調して、私にそれを購入するように説得してください。[製品/サービス]の内容:[テキスト]
実例を提示したトークを作成する	あなたはトップ成績の営業担当者です。私に[会社名]の[製品/サービス]を売り込んでください。具体的なユースケースや成功事例を明示して、私にそれを購入するように説得してください。[製品/サービス]の内容:[テキスト]
費用対効果を強調したトークを作成する	あなたはトップ成績の営業担当者です。私に[会社名]の[製品/サービス]を売り込んでください。価格について説明し、見合う価値を強調して、私にそれを購入するように説得してください。[製品/サービス]の内容:[テキスト]
購買意欲をかき立てるトークを作成する	あなたはトップ成績の営業担当者です。私に[会社名]の[製品/サービス]を売り込んでください。今が購入のベストタイミングである理由を説明して、私にそれを購入するように説得してください。[製品/サービス]の内容:[テキスト]

テーマ	プロンプト
疑念を払拭するトークを作成する	あなたはトップ成績の営業担当者です。私に[会社名]の[製品/サービス]を売り込んでください。私が抱くであろう疑念や質問に対処するための情報を提供し、信頼性と透明性を確保して、私にそれを購入するように説得してください。[製品/サービス]の内容:[テキスト]
商品のメリットを伝える	あなたはトップ成績の営業担当者です。私に[会社名]の[製品/サービス]を購入するよう説得してください。[会社名]の[製品/サービス]における独自のメリットを強調してください。
顧客の反論に対処する	あなたはトップ成績の営業担当者です。私に[会社名]の[製品/サービス]を購入するよう説得します。[会社名]の[製品/サービス]における潜在的な反論に対処してください。[製品/サービス]の内容:[テキスト]
異議フレームワークを用いて説得する	あなたはトップ成績の営業担当者です。5つの基本的な異議フレームワークを用いて、[製品/サービス]を購入するように潜在的な購入者を説得してください。[製品/サービス]の内容:[テキスト]
AIDAを用いて説得する	あなたはトップ成績の営業担当者です。AIDAの法則を用いて、[製品/サービス]を購入するように潜在的な購入者を説得してください。[製品/サービス]の内容:[テキスト]
PASTORを用いて説得する	あなたはトップ成績の営業担当者です。PASTORフォーミュラを使用して、[製品/サービス]を購入するように潜在的な購入者を説得してください。[製品/サービス]の内容:[テキスト]

広告／告知

※[　]内を入力して実行ください

テーマ	プロンプト
セールを告知する	あなたはプロのマーケターです。[会社名]の[製品/サービス]を購入したくなるような割引セールの告知文を書いてください。[製品/サービス]の内要:[テキスト]
ディスプレイ広告文を作成する	あなたはコピーライターです。[顧客ターゲット]向けの[製品/サービス]のGoogle広告に使用するキャッチーなディスプレイ広告文案を考えてください。[製品/サービス]の内要:[テキスト]
ストーリー仕立ての広告文を作成する	あなたはコピーライターです。[顧客ターゲット]にアピールするための[製品/サービス]の広告キャンペーンを作成します。ストーリーテリングを利用した広告文を提案してください。[製品/サービス]の内要:[テキスト]
若者向けに商品をPRする	あなたは広告担当者です。より若い層にアピールできるキャッチコピーを[数]個作成してください。[製品/サービス]の内要:[テキスト]
特定地域向けの商品をPRする	あなたは広告担当者です。[特定の国や地域]を対象とした[会社名]の[製品/サービス]の販売用のキャッチコピーを作成してください。[製品/サービス]の内要:[テキスト]
広告の種類の違いを調べる	オンライン広告と印刷広告で効果的なビジュアル戦略の違いを教えてください。
広告作成のポイントを聞く	[会社名]の[製品/サービス]にターゲットオーディエンスが共感できるストーリーを視覚的に表現する方法を教えてください。[製品/サービス]の内容:[テキスト]
ポスターのデザインコンセプトを提案する	あなたはプロのエディトリアルデザイナーです。[製品/サービス]の限定オファーを告知するためのビジュアルポスターのデザインコンセプトを提案してください。[製品/サービス]の内容:[テキスト]
効果的なフォントを聞く	あなたはプロのエディトリアルデザイナーです。[会社名]の[製品/サービス]を[顧客ターゲット]に訴求するための、個性的なフォントやテキストスタイルを教えてください。[製品/サービス]の内容:[テキスト]
レイアウト・デザインのポイントを聞く	あなたはプロのエディトリアルデザイナーです。広告で商品やサービスの特徴を視覚的に際立たせるためのレイアウトやデザインを教えてください。
ビジュアル要素を聞く	あなたは優秀なマーケターです。[会社名]のブランドアイデンティティを強化するためのビジュアル要素やアイコンを教えてください。

アフィリエイト商品を メールプロモーションする	[顧客ターゲット]がアフィリエイトリンクをクリックする可能性を高めるための、メール内でのリンクの配置やデザインのアイデアを提案してください。
商品説明のSEO対策を聞く	[会社名]の[製品/サービス]の商品説明で、適切なキーワードを使ってSEO対策をする方法を教えてください。[製品/サービス]の内容:[テキスト]
オンラインビジネスのSEO対策を 聞く	[業界]において、オンラインビジネスの戦略を改善するために、最適なキーワードを教えてください。
競合他社に対抗するSEO対策を 聞く	あなたは優秀なマーケターです。競合企業が使用しているSEO戦略は何ですか?また、それらに対抗するために自社のSEOをどのように改善できますか?
インフルエンサーマーケティングの トピックスを探す	[業界]におけるインフルエンサーマーケティングを実施するために、どのようなトピックにフォーカスすべきか教えてください。
キーワードに基づいてウェブサイトを 最適化する	[顧客ターゲット]が検索するキーワードに基づいて、ウェブサイトのコンテンツを最適化する方法を教えてください。

イベント／プロモーション／キャンペーン

※[　　　]内を入力して実行ください

テーマ	プロンプト
イベントのタスクリストを策定する	あなたはイベントの運営責任者です。次のイベントを実現させるための手順をタスク化してください。イベント内容:[テキスト]
イベントの物流計画を策定する	あなたは物流担当者です。次のイベントで、効率的な物流計画を策定してください。物流計画の策定では、リソースの割り当て、輸送手段、ケータリングサービス、関連するリスクを軽減するための戦略を加えてください。イベントの内容:[テキスト]
イベントをSMSで告知する	[会社名]が行う次のイベント[イベント名]の参加者に向けた、当日の注意事項を伝えるSMSメッセージを作成してください。イベントの内容:[テキスト]
イベントで挨拶をする	次のイベント[イベント名]の挨拶文を作成してください。来場者への感謝とイベント開催スタッフへのねぎらいを加えた挨拶を[数]字で考えてください。[イベント]の内容:[テキスト]
イベント名を作成する	あなたはコピーライターです。次の[イベント]に関連する[数]文字のタイトルを[数]個作成してください。イベントの内容:[テキスト]
プロモーションのスローガンを 作成する	あなたは広報担当者です。[会社名]の[製品/サービス]を宣伝するキャンペーンを作成します。[顧客ターゲット]に対して、[製品/サービス]の重要なメッセージとスローガンを作成してください。[製品/サービス]の内容:[テキスト]
プロモーション戦略を策定する	あなたは優秀なコンサルタントです。[会社名]の[製品/サービス]について、プロモーションを利用して売り上げを伸ばすための方法を[数]個答えてください。[製品/サービス]の内容:[テキスト]
プラットフォール効果を用いて キャンペーンを策定する	あなたは優秀なマーケターです。プラットフォール効果を使用して、[会社名]の[製品/サービス]を宣伝するキャンペーンを作成してください。[製品/サービス]の内容:[テキスト]
最小努力の原則を用いて キャンペーンを策定する	あなたは優秀なマーケターです。最小努力の原則を使用して、[会社名]の[製品/サービス]をできるだけ簡単かつ便利に使用できるようにするためのキャンペーンを作成してください。[製品/サービス]の内容:[テキスト]
アンカリングと調整ヒューリスティックを 用いてキャンペーンを策定する	あなたは優秀なマーケターです。アンカリングと調整ヒューリスティックを使用して、[会社名]の[製品/サービス]を論理的かつ漸進的に提示するキャンペーンを作成してください。[製品/サービス]の内容:[テキスト]
互恵バイアスフレームワークを 用いてキャンペーンを策定する	あなたは優秀なマーケターです。互恵バイアスフレームワークを使用して、[会社名]の[製品/サービス]を宣伝するキャンペーンを作成してください。[製品/サービス]の内容:[テキスト]
イベント・セミナーのためのトピックを 探す	あなたは優秀なセミナー講師です。[業界]に関するエキスパートによるパネルディスカッションのための[数]個のトピックを提案してください。

ライブデモンストレーションの アイデアを探す	あなたは優秀なセミナー講師です。[顧客ターゲット]が参加したいと思うような、[トピック]に関するライブデモンストレーションのアイデアを[数]個挙げてください。
Q&Aセッションのアイデアを探す	あなたは優秀なセミナー講師です。[顧客ターゲット]にとって価値のある情報を提供するための、[トピック]に関するQ&Aセッションのアイデアを[数]個提案してください。

文章の改善・要約・翻訳

※[　　　]内を入力して実行ください

テーマ	プロンプト
インタビューを記事にする	あなたはプロのライターです。取材先へのインタビュー内容をもとに[数]字以内で記事を書いてください。記事は、[テーマ]をテーマにして、5つの見出しをつけて書いてください。また記事全体のタイトル案を5個提案してください。インタビュー内容:[テキスト]
テキストの説得力を増す	あなたは優秀な大学教授です。データや研究を利用して、次の文章をもっと説得力のあるものにしてください。文章:[テキスト]
形容詞のバリエーションを増やす	あなたはプロのライターです。次の文章のトーンとスタイルを説明するために使用する形容詞をリストアップしてください。文章:[テキスト]
読者への訴求力を増す	あなたはプロのライターです。次の文章を読者により深く訴えるように修正してください。文章:[テキスト]
文章スタイルを業界に合わせる	私の執筆スタイルは次のような文章です。[業界]の他のライターと比較して、優れている点と改善点を教えてください。文章:[テキスト]
文章のオリジナリティを増す	あなたはプロのライターです。私の文章をより独特で印象的にする方法を提案してください。私の文章:[テキスト]
文章にユーモアを加える	あなたはプロのライターです。私の文章をよりユーモアを加えて書き直してください。私の文章:[テキスト]
文章にデータを加える	あなたはプロのライターです。私の文章に権威ある研究やデータを加えて書き直してください。私の文章:[テキスト]
文章を校正する	次の文章を推敲して、文脈的におかしな部分があれば修正してください。文章:[テキスト]
Z世代向けに文章を修正する	次の文章をZ世代向けにリライトしてください。文章:[テキスト]
文章を箇条書きで要約する	次の文章の要約を[数]個の箇条書きで作成してください。文字数は[数]字以内です。文章:[テキスト]
古典からビジネスに役立つ情報を引き出す	あなたはプロのライターです。[著者名]の[古典の書名]を要約してください。主要な原則を単純化し、それらの原則をビジネスにどのように活用できるかについて、実行可能なステップのリストを作成してください。
契約書の主要ポイントを洗い出す	次の契約書の主要ポイントと懸念事項を要約してください。契約書の内容:[テキスト]
難しい文章を要約して専門用語を解説する	次の文章を短く要約して、その中で使われている専門用語を解説してください。文章:[テキスト]
文章を別の言語に翻訳する	次の文章を[言語]に翻訳し、より自然な表現にしてください。文章:[テキスト]
慣用表現を別の言語の表現に変換する	次の慣用表現を[言語]に直訳せず、同じ意味を持つ[言語]の表現に変換してください。慣用表現:[テキスト]
対象に合わせた表現で翻訳する	次の文章を[言語]に翻訳し、[対象オーディエンス]に適した表現を使用してください。文章:[テキスト]

アンケート

※[　　]内を入力して実行ください

テーマ	プロンプト
回収率を向上させる	あなたは[業界]のマーケターです。メールでのアンケート調査を実施する際、顧客の回答率を上げる方法を教えてください。
顧客満足度を測定する	あなたは[業界]のマーケターです。[業界]の顧客アンケートで顧客満足度を測定します。顧客アンケートで使用できるクローズドクエスチョン[数]例を提案してください。
顧客ニーズを調べる	あなたは[業界]のマーケターです。顧客ニーズを把握するためのアンケート質問を[数]例教えてください。
顧客ロイヤルティを向上させる	あなたは[業界]のマーケターです。顧客ロイヤルティを向上させるためのアンケート質問を[数]例教えてください。
顧客サービスを改善する	あなたは[業界]のマーケターです。[会社名]の顧客サービスの改善点を見つけるためのアンケート質問[数]例を提案してください。
アンケートを改善に役立てる	顧客アンケートで得た情報を活用して、サービス改善に役立てる方法を教えてください。
SMSでアンケートをお願いする	顧客に対して、[会社名]の[製品/サービス]についてのアンケートへの協力をお願いするSMSメッセージを作成してください。文字数は70字以内です。
フォローアップアンケートを作成する	あなたは[業界]のマーケターです。次の[製品/サービス]提供後のフォローアップアンケートで必要な質問を教えてください。[製品/サービス]の内容:[テキスト]

X(Twitter)

※[　　]内を入力して実行ください

テーマ	プロンプト
SNS用の文例を聞く	あなたはトップインフルエンサーです。[会社名]の[製品/サービス]を宣伝するためのX(Twitter)の文例を[数]個提案してください。[製品/サービス]の内容:[テキスト]
文章を改善する	あなたは優秀なコピーライターです。[会社名]の[製品/サービス]についての現状のX(Twitter)の投稿を、よりエンゲージメントを高めるものにリライトしてください。現状のX(Twitter)の投稿:[テキスト]
効果的な設定に変える	X(Twitter)でプロフィール写真やヘッダー画像を効果的に設定する方法を教えてください。
適切なフォロワーを見つける	X(Twitter)で[顧客ターゲット]に適したフォロワーを見つける方法を教えてください。
リプライやコメントを利用する	X(Twitter)でリプライやコメントを上手に活用してコミュニケーションを図る方法を教えてください。
スレッドを作成する	[業界]のための[トピック]に関するX(Twitter)のスレッドを作成してください。
オリジナリティのあるツイートを作成する	[顧客ターゲット]向けに[会社名]の[製品/サービス]についてのX(Twitter)のツイートを作成し、ユニークで珍しいポイントを[数]個提案してください。
データを活用してツイートを作成する	[顧客ターゲット]向けに[会社名]の[製品/サービス]に関するX(Twitter)のツイートを[数]個作成し、統計や論理的な議論を使用してください。
議論を引き出すツイートを作成する	[会社名]の[製品/サービス]に関する意見や議論を引き出すためのX(Twitter)のツイートを[数]個考えてください。
新商品の広告の見出しを作成する	次の新しい商品[製品/サービス]を宣伝するためのインパクトのあるX(Twitter)広告の見出しを提案してください。新しい商品の内容:[テキスト]
ヘッドラインを作成する	あなたはインフルエンサーです。[製品/サービス]の[顧客ターゲット]に向けたX(Twitter)広告のための[数]個の魅力的なヘッドラインを考えてください。

限定販売の告知をする	あなたはプロのマーケターです。限定価格での[製品/サービス]の販売に関する緊急性を訴えるX(Twitter)のツイートを作成してください。
炎上リスクに備える	次のX(Twitter)への書き込みが、炎上するかしないかを予測して炎上リスクを0%から100%の数値で示してください。[元の書き込み]の炎上リスクが高い場合はその理由を簡潔に記載してください。元の書き込み:[テキスト]
炎上リスクの高い書き込みを修正する	次のX(Twitter)への書き込みを、同じ主旨や意図は残しつつ、マイルドな表現で安心して読める、同じぐらいの長さの文章になるように、修正してください。

Facebook / Instagram / TikTok

※[　]内を入力して実行ください

テーマ	プロンプト
Facebookでターゲット層を洗い出す	[会社名]の[製品/サービス]に興味を持ちそうなFacebook上の[数]個の異なるターゲット層を教えてください。[製品/サービス]の内容:[テキスト]
Facebookの広告の見出しを作成する	[会社名]の[製品/サービス]を[顧客ターゲット]にアピールするFacebook広告の魅力的な見出しを考案してください。[製品/サービス]の内容:[テキスト]
Facebookのキャッチフレーズを作成する	[会社名]の[製品/サービス]の[PRポイント]に関する情報発信のために、Facebookでの投稿に適したキャッチフレーズを[数]個提案してください。[製品/サービス]の内容:[テキスト]
Facebookのヘッドラインを作成する	次の文章をFacebook投稿用に、[数]個の目立つヘッドラインを作成してください。文章:[テキスト]
Instagramの広告の見出しを作成する	新商品の[製品/サービス]を宣伝するためのインパクトのあるInstagram広告の見出しを提案してください。[製品/サービス]の内容:[テキスト]
Instagramの広告文案を作成する	[会社名]のランディングページを参考にして、[製品/サービス]のInstagram広告文案を[数]個作成してください。
Instagramのハッシュタグ戦略を聞く	[会社名]の[製品/サービス]に関するInstagram投稿で、フォロワーの反応を引き出すためのハッシュタグ戦略を提案してください。
TikTokのビデオアイデアを聞く	[会社名]の[製品/サービス]を[顧客ターゲット]に紹介するための、インパクトのあるTikTokビデオのアイデアを提案してください。[製品/サービス]の内容:[テキスト]
TikTokのストーリー仕立ての広告を作成する	[会社名]の[製品/サービス]の魅力を伝える、ストーリーテリングを用いたTikTok広告のスクリプトを作成してください。[製品/サービス]の内容:[テキスト]
TikTokでブランドイメージを向上させる	TikTokで[製品/サービス]のブランドイメージを向上させるための、ビジュアルに訴えるビデオのアイデアを考えてください。[製品/サービス]の内容:[テキスト]
TikTokの最適なハッシュタグを調べる	[製品/サービス]に関するTikTok投稿で使用すべき最適なハッシュタグを教えてください。[製品/サービス]の内容:[テキスト]
TikTokの流行りのハッシュタグを調べる	[製品/サービスジャンル]に関するTikTokで流行っているハッシュタグを教えてください。[製品/サービス]の内容:[テキスト]
TikTokのフォロワーを獲得する	TikTokで[業種]のビジネスを活性化させるための、フォロワー獲得戦略を考えてください。

ブログ／ニュースレター

※[　]内を入力して実行ください

テーマ	プロンプト
文章に盛り込むキーワードを調べる	[トピック]に関連する高検索ボリュームの中から、低～中程度の競合があるキーワードのみを提案してください。

SEOに適したブログタイトルを作成する	あなたは人気のブロガーです。[会社名]の[製品／サービス]のPRポイントに関するブログ記事を作成します。SEO対策を施した効果的なタイトルを[数]個作成してください。[製品／サービス]の内容:[テキスト]
ロングテールキーワードを聞く	[テーマ]のコンテンツにおけるSEO最適化において、どのようなロングテールキーワードを使用すればよいか教えてください。
トラフィックを増やす	あなたは人気ブロガーです。[会社名]の[製品／サービス]についてのブログのトラフィックを増やすために、どのようなキーワードを含むコンテンツを投稿すべきか教えてください。[製品／サービス]の内容:[テキスト]
上位ランクのブログを探す	あなたは人気ブロガーです。[キーワード]に関連する上位ランキングのブログを[数]個挙げ、URLを記載してください。
ブログの題材を探す	あなたは人気ブロガーです。[トピック]についてGoogleで上位表示される可能性のあるブログの題材を提案してください。
業界の動向の記事を作成する	[業界]の[過去／現在／未来]の動向を分析し、近い将来に起こるであろう変化を予測する記事を作成してください。
業界の誤解を解く回答をする	[業界]に関する一般的な誤解や俗説を取り上げ、正確な情報を提供してそれらを解消する記事を作成してください。
業界の重要論点を洗い出す	あなたはビジネス紙の記者です。2023年の[業界]について記事を執筆します。重要な論点を[数]個挙げてください。
業界の有名人についての記事を作成する	あなたはビジネス紙の記者です。[業界]で顕著な成果を上げた[個人／団体]の事例を取り上げ、その要因を分析する記事を作成してください。
ニュースレターで告知する	あなたはビジネス紙の記者です。[会社名]の[新商品／プロモーション／イベント]を紹介する顧客向け週刊ニュースレターを作成してください。文字数は[数]字以内です。[新商品／プロモーション／イベント]の内容:[テキスト]
最新トレンドを盛り込んだニュースレターを作成する	あなたはビジネス紙の記者です。[会社名]の顧客に関連する業界ニュースやトレンドを含むメールを作成してください。文字数は[数]字以内です。
顧客の感想をまとめる	あなたはビジネス紙の記者です。次の顧客の成功事例や感想を紹介する週刊ニュースレターを作成してください。文字数は[数]字以内です。次の顧客の成功事例や感想:[テキスト]

YouTube／ポッドキャスト

※[　　　]内を入力して実行ください

テーマ	プロンプト
商品の説明文を作成する	[会社名]周辺の人気キーワードを[数]個挙げ、それらを使用して、[会社名]の[製品／サービス]についてのYouTube動画の説明文を作成してください。[製品／サービス]の内容:[テキスト]
サムネイルアイデアを聞く	あなたは人気のYouTuberです。視聴者がクリックして視聴したくなるYouTube動画を作成します。[会社名]の[製品／サービス]についてのYouTubeチャンネルのサムネイルアイデアを提案してください。[製品／サービス]の内容:[テキスト]
サムネイルデザインを聞く	あなたは人気のYouTuberです。[会社名]の[製品／サービス]に関するYouTube動画のための、視聴者の興味を引くサムネイルデザインを提案してください。[製品／サービス]の内容:[テキスト]
注目を集めるポイントを聞く	あなたは人気の脚本家です。[製品／サービス]をPRするYouTube動画の脚本を作成します。視聴者の注目を集めるためのポイントを[数]個挙げてください。[製品／サービス]の内容:[テキスト]
顧客にアピールするポイントを聞く	あなたは人気のYouTuberです。YouTube広告で[顧客ターゲット]に[会社名]の[製品／サービス]を効果的にアピールするための重要ポイントを[数]個教えてください。[製品／サービス]の内容:[テキスト]

ストーリーラインを作成する	あなたは人気のYouTuberです。[会社名]の[製品/サービス]の特徴・魅力を最大限アピールするための、2分間のYouTube広告のストーリーラインを考えてください。[製品/サービス]の内容:[テキスト]
他社との違いを強調する	あなたは人気のYouTuberです。[会社名]の[製品/サービス]と競合他社の[製品/サービス]との違いを強調するための、効果的なYouTube広告のシーンを考えてください。[製品/サービス]の内容:[テキスト]
視聴者の疑問に対処する	あなたは人気のYouTuberです。YouTube広告で[会社名]の[製品/サービス]を紹介する際の、視聴者の疑問や懸念に対処する方法を教えてください。[製品/サービス]の内容:[テキスト]
出演者を選定する	あなたは人気のYouTuberです。[製品/サービス]の[製品/サービス]の特徴・魅力を最大限アピールするためにふさわしい出演者を日本人の中から[数]人提案してください。出演者は[顧客ターゲット]に人気があり、低予算で出演できる人物です。[製品/サービス]の内容:[テキスト]
ポッドキャストの準備をする	あなたは人気のコピーライターです。[会社名]の[製品/サービス]に関するポッドキャストの録音・編集・公開に必要な機材とツールをリストアップしてください。[製品/サービス]の内容:[テキスト]
ポッドキャストのエピソードを作成するポイントを聞く	あなたは人気のコピーライターです。[会社名]の[製品/サービス]に関するポッドキャストエピソードの脚本を作成してください。[製品/サービス]の内容:[テキスト]
ポッドキャストの文章を校正する方法を聞く	ポッドキャストの脚本を編集・校正して、文章が上手く書かれ、エラーがないことを確認する方法を教えてください。
ポッドキャストのリスナーにアクションを促す	[トピック]に関するポッドキャストでリスナーにアクションを起こさせるための方法を[数]個、提案してください。

レビューの作成

※[　　]内を入力して実行ください

テーマ	プロンプト
他社商品と比較する	[会社名]の[製品/サービス]の価格、機能、品質を競合他社と比較したレビューを書いてください。[製品/サービス]の内容:[テキスト]
高評価のレビューを作成する	あなたは[会社名]の[製品/サービス]を購入したばかりの理想的な顧客です。結果に満足している様子で[会社名]の[製品/サービス]のショートレビューを書いてください。[製品/サービス]の内容:[テキスト]
ストーリー仕立てのレビューを作成する	あなたは理想的な顧客です。[会社名]の[製品/サービス]のユーザーエクスペリエンスに焦点を当て、ストーリー仕立てでレビューを書いてください。[製品/サービス]の内容:[テキスト]
カジュアルな会話スタイルで作成する	あなたは理想的な顧客です。友達に[会社名]の[製品/サービス]を勧めるカジュアルな会話スタイルでのショートレビューを書いてください。レビューには[数]個のメリットを含めてください。[製品/サービス]の内容:[テキスト]
疑問・不安が解消されたレビューを作成する	あなたは[会社名]の[製品/サービス]を購入した理想的な顧客です。購入前の疑問や懸念に対処する形で[製品/サービス]のレビューを書いてください。[製品/サービス]の内容:[テキスト]
カスタマーサポートに触れたレビューを作成する	あなたは理想的な顧客です。[会社名]の[製品/サービス]のカスタマーサポートやアフターサービスについて触れたレビューを書いてください。[製品/サービス]の内容:[テキスト]
口コミを増やすためのポイントを聞く	あなたはマーケターです。[会社名]の[製品/サービス]の口コミを促進するための、[数]個のインセンティブを考えてください。[製品/サービス]の内容:[テキスト]
レビューを活用する方法を聞く	[会社名]の[製品/サービス]の説明で、カスタマーレビューや評価を活用する方法を教えてください。[製品/サービス]の内容:[テキスト]
レビューにおけるキーワードを聞く	[会社名]の[製品/サービス]に関連する高検索ボリュームで競合が中程度のキーワードを[数]個リストしてください。[製品/サービス]の内容:[テキスト]

ネガティブなレビューに対応する	次のネガティブなレビューに対する、丁寧な返信を書いてください。ネガティブなレビュー:[テキスト]

よくある質問（FAQ）の作成

※[　　　]内を入力して実行ください

テーマ	プロンプト
よくある質問を抽出する	[会社名]の[製品/サービス]について、顧客のフィードバックやレビューによくある質問はなんですか?[製品/サービス]の内容:[テキスト]
基本的な質問と回答をリストアップする	[会社名]の[製品/サービス]に関するよくある質問とその回答を[数]個挙げ、それぞれの説明について詳しく述べてください。
回答に根拠を持たせる	[会社名]の[製品/サービス]に関する誤解を解消するFAQセクションを作成し、権威ある資料を参照しながら説明を行ってください。
他社との違いを強調する	あなたは[会社名]のマーケターです。[業界]において、競合他社との違いを強調するFAQセクションを作成してください。
商品のアピールするFAQを作成する	あなたは[会社名]のマーケターです。[製品/サービス]の機能や利点に焦点を当てたFAQセクションを作成し、顧客に詳しく説明してください。[製品/サービス]の内容:[テキスト]
子ども向けのQ&Aを作成する	あなたは小学校の教師です。次の質問に対して、子どもにわかりやすく回答してください。文字数は[数]字以内です。質問:[テキスト]

人事・採用

※[　　　]内を入力して実行ください

テーマ	プロンプト
面接の質問を作成する（営業担当者）	あなたは[会社名]の採用担当者です。新しい営業マネージャーを採用します。求める経験と資格は何ですか?ターゲット顧客に対する理解と効果的な営業戦略を評価するためにどのような質問をしますか?
面接の質問を作成する（研究開発者）	あなたは[会社名]の採用担当者です。新しい研究開発エンジニアを採用するとします。どのような技術スキルと経験が重要ですか?技術的な問題解決能力を評価するためにどのような質問をしますか?
面接の質問を作成する（マーケター）	あなたは[会社名]の採用担当者です。新しい製品マーケターを採用するとします。求める経験と資格は何ですか?製品開発の成功と市場投入に向けた戦略を評価するためにどのような質問をしますか?
面接の質問を作成する（イベントコーディネーター）	あなたは[会社名]の採用担当者です。新しいイベントコーディネーターを採用するとします。どのようなスキルと経験が重要ですか?イベントの計画と運営能力を評価するためにどのような質問をしますか?
面接者を評価する	あなたは人事担当者です。新入社員採用の面接を行います。面接評価のポイントは、[ポイント1][ポイント2][ポイント3]です。次の面接内容から、[ポイント1][ポイント2][ポイント3]を10点満点で評価してください。面接内容:[テキスト]
求人広告を改善する	あなたは[会社名]の採用担当者です。求人広告を、より魅力的なものにリライトしてください。求人広告内容:[テキスト]
面接の練習をする	あなたは[業界]の採用担当者です。応募者である私に1問ずつ質問をしてください。私の回答に不備があれば指摘してください。
応募者にお礼のメールを送る	あなたは[業界]の人事担当者です。自社の求人への応募者に対してのお礼と書類送付を依頼するメールを作成してください。
1on1ミーティングの上司の質問を考える	あなたは心優しい上司です。あなたが次の部下と行う1on1ミーティングで話す、ベストプラクティスな話題と質問の例を箇条書きで示してください。 部下の状況・能力:[テキスト]

	あなたはやる気のある部下です。あなたが上司と行う1on1ミーティングで話す、ベストプラクティスな話題とセリフの例を簡条書きで示してください。
1on1ミーティングの部下の質問を考える	部下の状況・能力:[テキスト]

その他

※[　　]内を入力して実行ください

テーマ	プロンプト
ソフトウェアのエラーを解決する	[エクセルなどのソフトウェア]で次のエラーメッセージが出ました。エラーへの対処方法を教えてください。エラーメッセージ:[テキスト]
ストレスを解消するためのアドバイスを得る	あなたはメンタルヘルスアドバイザーです。次の私の悩みについて、認知行動療法、瞑想法、マインドフルネスの実践、およびその他の治療法に関する知識を使用してアドバイスしてください。私の悩み:[テキスト]
失敗に対するストレスを解消する	あなたは私のメンタルヘルスアドバイザーです。仕事で大きな失敗をしてしまった私に、ネガティブな考えや感情を手放し、安らぎと満足感を得ることができるのかを教えてください。失敗の内容:[テキスト]
思考をポジティブに変える	次の状況をポジティブに捉えるために、俯瞰的・客観的に分析し、希望的で建設的な認知となるように思考を整理して教えてください。アファメーションになるような提案を[数]個してください。状況:[テキスト]
祝電の文章を作成する	[祝賀会・イベント名]に送る祝電の文例案を作成してください。[祝賀会・イベント名]の内容:[テキスト]
忘年会の進行表を作成する	あなたは営業部で行われる忘年会の幹事です。参加人数[数]人、[数]時間の忘年会の進行表を作成してください。
目標に対する行動プランを聞く	マンダラートを使って次の目標を達成するために実行すべきことを[数]個書き出してください。[数]個の実行すべきことにの具体的なアクション例をそれぞれ教えてください。目標:[テキスト]
時事ネタの1分間スピーチを作成する	あなたは[業界]に勤めるスピーチの達人です。以下のニュースから1分間のスピーチを行なってください。スピーチにはあなたが読み取ったビジネスへのヒントを入れてください。ニュース:[テキスト]
業界の専門用語について解説をする	あなたは優秀なビジネスセミナーの講師です。[専門用語]について高校生に教えるように、簡潔かつわかりやすい言葉で、ステップ・バイ・ステップで考えて説明してください。[業界]の専門用語を用いずに説明してください。
最適なビジネス書を選ぶ	[業界]に役立つベストセラーのビジネス書5冊を挙げて、それぞれ[数]字で特徴や効果を比較してください。
海外出張の準備をする	私は日本に住んでいる会社員です。[数]月[数]日に[国名]の[都市名]に[数]泊の出張に行くことになりました。用意するものや持ち物リストを教えてください。
ビジネスに役立つアプリを選ぶ	タイムマネジメントをサポートするおすすめのデジタルツールやアプリを教えてください。
贈り物の花を選んでもらう	あなたは一流の花屋の親切な店長で、花言葉に精通しています。花言葉や、人気や、入手のしやすさを考慮したおすすめの花と色を5種類考えてください。花を送る相手は[テキスト]で、意送る理由は[テキスト]です。予算の合計(通貨単位:日本円)の目安も付記してください。
ChatGPTの業務利用のリスクを聞く	会社内でChatGPTの業務利用を限定的に許可することにした場合のリスクを教えてください
ChatGPTの業務利用のガイドラインを作成する	会社内でChatGPTの業務利用を限定的に許可する際の利用ルールを策定してください。ルール策定の目的は、ChatGPTでの機密情報・個人情報の漏洩防止です。それ以外にも、実務上、問題になりそうな点を考慮してください。

ChatGPTは
まだ進化を続けている?

OpenAIは、ChatGPTをリリースして以来、たびたび新機能を発表、搭載してきました。

リリース当初は、ChatGPTとの対話の履歴がAIの学習に使われてしまうことで、個人情報漏洩の危険性があることが話題に上りました。その対策として、対話履歴を残さないという設定が追加されて、より安全にChatGPTを使うことができる環境が整うこととなりました。

また、ネット上の最新情報の検索も可能となり、ChatGPTの弱点だった最新の情報に疎いというデメリットもかなり改善されつつあります。

2023年7月には、ChatGPTがユーザーの質問に答える際に、ユーザーの状況や好みを考慮した上で回答する機能を追加することが発表され、より人間に近い自然な会話ができるようになりました。

そして2023年9月、OpenAIはChatGPTの新たな音声・画像認識機能を発表し、有料版のChatGPT Plusやエンタープライズ（企業向けサービス）の会員に向けて提供を開始しました。音声認識機能では、ユーザーがスマートフォンのChatGPTアプリを使って声で質問をすると、ChatGPTがその音声を聞き取って回答を音声で教えてくれるというもの。回答読み上げの音声は5種類から選べるようです。

画像認識機能では、例えば私たちが外出しているときに撮影した風景の写真などについて、ChatGPTとリアルタイムで会話を楽しむことができるレベルにまで発達しました。また、家の冷蔵庫にある食材の画像を見せることで、それらを使ったレシピを提案してくれたり、足りない材料をリストアップしてくれたりといったことも可能になります。

他にも、もし、あなたの自転車が故障してしまった場合に、その故障部分の画像をChatGPTに見せると、修理するのにどんな工具が必要か、どのようにネジを締めればいいかなどを教えてくれるだけでなく、マニュアルまで提示してくれるとのことです。

ただし、この新しい画像認識機能は、英語で運用した場合には高いパフォーマンスを誇りますが、多言語でプロンプトを送った場合には精度が低下するというデメリットがあるようです。日本語でのパフォーマンスが向上するには、まだ時間がかかりそうです。

◆参考文献

『AIの未来からビジネス活用術までChatGPTについて佐々木俊尚先生に聞いてみた』
佐々木俊尚（監修）／Gakken

『ChatGPT 120％活用術』ChatGPTビジネス研究会／宝島社

『ChatGPT 120％仕事術』ChatGPTビジネス研究会／宝島社

『ChatGPT 快速仕事術（できるビジネス）』
田口和裕、森嶋良子、いしたにまさき（著）、古川渉一（監修）／インプレス

『今すぐ使えるかんたんbiz ChatGPT ビジネス活用大全』
リンクアップ（著），STORIA法律事務所（監修）／技術評論社

『日経トレンディ 2023年7月号』日経BP

◆参照サイト

Impress Watch「ChatGPT、見る・聞く・話すに対応　写真の内容を認識して対話」
https://www.watch.impress.co.jp/docs/news/1534278.html

〔STAFF〕
執筆協力　　　　　苅部祐彦
編集協力　　　　　齊藤健太（株式会社ファミリーマガジン）
カバーデザイン　　小口翔平、神田つぐみ（tobufune）
カバーイラスト　　桜田佳代子
本文デザイン・DTP　山下真理子（株式会社ファミリーマガジン）、川瀬誠
本文イラスト　　　桜井葉子

ワイド図解 ゼロから始める！
ChatGPT ずるい仕事術

2023年12月6日　第1刷発行

著者　　　　ChatGPTビジネス研究会

発行人　　　蓮見清一
発行所　　　株式会社 宝島社
　　　　　　〒102-8388
　　　　　　東京都千代田区一番町25番地
　　　　　　電話　（編集）03-3239-0928
　　　　　　　　　（営業）03-3234-4621
　　　　　　https://tkj.jp

印刷・製本　中央精版印刷株式会社